**Haftungsausschluss:**
Die in diesem Buch enthaltenen Empfehlungen wurden sorgfältig geprüft und berücksichtigt. Dennoch können weder der Autor noch der Verlag eine Garantie oder Gewährleistung für die gemachten Angaben übernehmen. Die Anwendung der Empfehlungen erfolgt ausdrücklich auf eigene Gefahr. Jegliche Haftung des Autors, des Verlags und ihrer Vertreter für Schäden an Personen, Eigentum oder Vermögen, die durch die Nutzung oder Nichtnutzung der Informationen bzw. durch die Nutzung fehlerhafter und unvollständiger Informationen verursacht wurden, ist ausgeschlossen. Weder der Herausgeber noch der Autor übernehmen eine Haftung für die Aktualität, Richtigkeit und Vollständigkeit der Inhalte sowie für Druckfehler. Eine juristische Verantwortung oder Haftung für fehlerhafte Informationen und deren Folgen kann weder vom Herausgeber noch vom Autor übernommen werden.

Soweit in dieser Publikation auf Internetseiten Dritter verwiesen wird, übernehmen wir keine Verantwortung für deren Inhalte, da wir uns diese nicht zu eigen machen, sondern lediglich auf den Stand zum Zeitpunkt der Erstveröffentlichung hinweisen.

**Bibliografische Informationen der Deutschen Nationalbibliothek**
Die Deutsche Nationalbibliothek verzeichnet diese Publikation in der Deutschen Nationalbibliografie; detaillierte bibliografische Daten sind im Internet über http://dnb.dnb.de abrufbar.

1. Auflage 2023


Redaktion: Robert Gazke
Manuskriptbearbeitung: Katrin Gönnewig, Luise Hartung
Umschlaggestaltung: Verena Klöpper
Satz und Layout: Zarka Ghaffar Bandeira

ISBN Taschenbuch: 978-3-910385-28-3
ISBN E-Book: 978-3-910385-29-0

www.kniga-verlag.de

Alexander Schelle

# Die Geheimnisse eines Mentalisten

## ZWISCHEN EMPATHIE UND MANIPULATION. WIE DU DEIN GEGENÜBER LIEST, VERSTEHST UND BEEINFLUSST

Dieses Buch ist die Zusammenfassung meiner Erfahrungen aus über fünfzig Jahren Kommunikation mit den unterschiedlichsten Menschen.

Es gab Menschen, die ich aufgrund ihrer Sprache nur sehr schwer verstand, es gab sehr liebe Menschen, die mir halfen, im Leben weiterzukommen.

Es gab aber auch Menschen, mit denen ich mich gerieben habe, manchmal mit positivem, manchmal aber auch mit nicht so schönem Ende.

Aber ich bin jedem einzelnen Kommunikationspartner sehr dankbar, denn jedes Gespräch hat mich in meinem Leben weitergebracht.

VIELEN DANK

# Inhaltsverzeichnis

”

Man kann ohne Liebe Holz hacken,
Ziegel formen, Eisen schmieden.
Aber man kann nicht ohne Liebe mit
Menschen umgehen.

Leo Tolstoi (1828–1910)

# Vorwort

Um ein erfolgreiches Leben zu führen, gibt es drei entscheidende Komponenten: unser Wissen, eine zielführende Kommunikation und die emotionale Intelligenz, wie ich mit anderen und vor allem mit mir selbst umgehe.

Das Wissen bekommen wir sehr früh vermittelt und irgendwann wird es ganz normal sein, dass wir uns ständig weiterbilden. Das ist großartig, schließlich haben wir uns damit an die Spitze der Nahrungskette gearbeitet.

Leider wird Kommunikation und emotionaler Intelligenz in unserer Entwicklung kaum Beachtung geschenkt, obwohl sie über Erfolg oder Misserfolg entscheiden. Nur Genies kommen ohne emotional intelligente Kommunikation aus. Aber wer kann schon von sich behaupten, ein Genie zu sein?

Wir stehen also in einem Wettbewerb, in dem wir uns kaum durch unser Wissen unterscheiden können, wohl aber durch unsere Art, mit anderen umzugehen. Und genau darum soll es in diesem Buch gehen. Ich möchte meine Sichtweise, meine Erfahrungen und die Erfahrungen anderer nutzen, um den Lesern dieses Buches zu helfen, den Schlüssel zu ihrem persönlichen Erfolg zu finden.

Dieses Buch ist aus meinem Coaching-Programm für emotional intelligente Kommunikation entstanden. Da ich alle meine Teilnehmer mit »du« anspreche und ich auch dich mit diesem Buch coachen möchte, möchte ich dich gern ebenso ansprechen. Ich möchte aber ausdrücklich betonen, dass ich sehr viel vom Formellen »Sie« halte, das ein wunderbares Werkzeug in unserer Sprache ist. Allerdings geht es in dem Buch um dich und deine Weiterentwicklung. Hier möchte ich dein Unterbewusstsein erreichen und das versteht kein »Sie«.

Auch das Thema Gender möchte ich ansprechen. Ich werde in diesem Buch weiterhin die aktuelle Rechtschreibung ohne Genderformen verwenden. Es gibt jedoch ein eigenes Kapitel dazu, um meine Sichtweise basierend auf der emotional intelligenten Kommunikation darzulegen.

Dieses Buch soll mein gesamtes Wissen und meine Erfahrungen bündeln und es dir einfach machen, deine eigenen zu sammeln.

Ich wünsche dir viel Freude und Erfolg bei der Umsetzung.

Alexander Schelle

Haimhausen, November 2023

# Alexander Schelle - Mentalist

Es fällt mir nicht leicht, über mich selbst zu schreiben. Wahrscheinlich liegt es an meiner Denkweise. Wer emotional intelligent kommuniziert, stellt sich nicht offensichtlich in den Mittelpunkt, sondern bekommt die Wertschätzung, die er verdient, ohne anzugeben.

Fangen wir gleich mit einer Enttäuschung an: Ich bin kein Supergenie, nicht einmal ein normales Genie. Ich bin ein Mensch aus der Mitte der Gesellschaft, der durch seine Fähigkeit, mit anderen zu kommunizieren, sehr erfolgreich geworden ist. Ich habe einen Handwerksberuf erlernt, wurde aber schon mit Mitte zwanzig außertariflich bezahlt. In diesem Buch werde ich erklären, wie ich das erreicht habe.

Viele Jahre lang habe ich von Glück gesprochen, wenn ich über meinen beruflichen Werdegang erzählte. Anders konnte ich mir nicht erklären, warum ich im Konzert der Großen erfolgreich mitspielen durfte. In meinen Jahren als Key-Account-Manager habe ich Produkte und Dienstleistungen im Wert von über 270 Millionen Euro verkauft. Das lag jedoch nicht an meinem Intellekt, meinem Arbeitseinsatz, meinem Wissen über unsere Produkte oder meinem abgeschlossenen Studium. Viele meiner Kollegen und Kolleginnen waren mir weit überlegen. Ich hatte aber eine besondere Fähigkeit: Ich konnte Menschen lesen, sie verstehen und für mich gewinnen. Das war der entscheidende Vorteil in meinem beruflichen Werdegang vom Handwerker über den Großkundenvertrieb zur Führungskraft.

Auf den ersten Blick ein nicht ganz gewöhnlicher, sogar ein schwieriger Weg. Ich bin jedoch der festen Überzeugung, wenn einem andere Menschen wichtig sind und man ihnen das auch zeigt, ist es ein leichter und vollkommen normaler Aufstieg. Mein Erfolg liegt nicht in den Tugenden, die einem immer wieder als die Stufen zum Erfolg aufgezeigt werden. Mein Weg war anders und aus meiner persönlichen Sicht auch deutlich einfacher.

Ich habe mich schon früh mit dem Neuro-Linguistischen Programmieren (NLP) und später mit der Hypnose beschäftigt. Beides hat mir geholfen, Menschen besser zu verstehen und meine Wünsche zu verwirklichen. Dieses Interesse an Menschen brachte mir nicht nur im Berufsleben Vorteile, sondern war auch der Beginn meiner Bühnenkarriere. Heute trete ich als Mentalist und Hypnotiseur auf und teile meine über 30-jährige Erfahrung mit meinen Gästen. Besonders freut es mich, wenn ich Wochen oder manchmal Monate später eine E-Mail bekomme, in der mir ein Zuschauer schreibt, welche positiven Veränderungen er durch meine Vorträge und Coachings in ihrem Leben erfahren hat. Für mich gibt es keine größere Wertschätzung meiner Arbeit und ich hoffe, dass auch du bald von dieser positiven Erfahrung in deinem Leben profitieren wirst.

Schon während meiner Tätigkeit als Führungskraft führte ich mein Abendprogramm »Gehirnwäsche« über 200 Mal auf deutschen Bühnen auf. Seit 2013 halte ich Seminare und Vorträge über Hypnose und die Anwendung emotional intelligenter Kommunikation zur leichteren Zielerreichung.

Dieses Buch ist für mich, wie bereits mein erstes Buch über Selbsthypnose, ein Herzensprojekt. Ich habe in meinem Leben so viel erreicht und möchte meine Erfahrungen teilen, dem Leben etwas zurückgeben. Meine Leserinnen und Leser sollen von meinen Fehlern, aber auch von meinen Erfolgen profitieren und sich dadurch die eine oder andere schmerzhafte Erfahrung ersparen.

Dieses Buch ist keine Wissenssammlung, sondern es bündelt meine mehr als dreißig Jahre Erfahrung im Vertrieb, als Führungskraft und auf der Bühne. Nimm all das mit in deinen Alltag, was du für dich benötigst, um erfolgreich zu sein. Gern darfst du mir auch von deinen Erfolgen schreiben – ich werde jeden Erfolg meiner Leser feiern, als wäre es mein eigener.

Wenn du denkst, dass ich mit meinen Erfolgen ein wenig angeben wollte, hast du recht. Es ist die erste Lektion meiner emotional intelligenten Kommunikation:

Wir bevorzugen Menschen, mit denen wir uns auf gleicher Ebene befinden, die sich aber nicht als besser darstellen. Gleichzeitig lernen und akzeptieren wir neue Perspektiven nur von Menschen, von denen wir überzeugt sind, dass diese sie erfolgreich umgesetzt haben.

Der schmale Grat zwischen »Wir sind auf Augenhöhe« und »Von mir kannst du profitieren« ist der Schlüssel für eine erfolgreiche Kommunikation.

”

Gestern war ich klug und wollte
die Welt verändern.
Heute bin ich weise und möchte
mich verändern.

Rumi (1207–1273)

# Einleitung

## WARUM EMOTIONAL INTELLIGENTE KOMMUNIKATION?

Bevor wir anfangen, ist es mir wichtig, das Thema etwas näher zu beleuchten und zu erklären, warum ich glaube, dass emotional intelligente Kommunikation der Schlüssel ist, um im Leben leichter voranzukommen.

### Emotionale Intelligenz und Kommunikation

Als emotionale Intelligenz beschreiben wir unsere Fähigkeit, unsere eigenen wie fremde Gefühle und Emotionen wahrzunehmen, sie zu verstehen und sie zu beeinflussen.

Eine Person sendet eine Information und eine empfängt sie. Vergleichbar mit dem Werfen eines Balls: Einer wirft, der andere fängt. Aber was passiert, wenn der Werfer sehr hart wirft und der Fänger nur einen leichten Ball erwartet? Das Risiko steigt, dass der Ball zu Boden fällt und genau das passiert auch in unserer Kommunikation. Durch falsche Vorannahmen und/oder Erwartungen führt unsere Kommunikation oft nicht zum gewünschten Ziel. Der Ball fällt zu Boden.
Wie oft haben wir das schon erlebt?

Diese Hürde erschwert unser Zusammenleben, sei es in der Familie, am Arbeitsplatz, an der Service-Hotline oder in jeder zielgerichteten Kommunikation – und jede Kommunikation hat ein Ziel, aber dazu später mehr. Kommunikationshürden erwarten uns überall in unserem Leben und natürlich haben wir unterschiedliche Lösungen dafür.

Die einen schreien, die anderen wollen immer das letzte Wort haben, den nächsten ist alles egal und sie lassen es einfach über sich ergehen. Und dann gibt es noch die Gruppe, die mit guter Kommunikation spielend ihre Ziele erreicht.

Oft heißt es, das seien gute Rhetoriker. Aus meiner Sicht ist das aber viel zu kurz gegriffen. Jemand kann noch so brillant formulieren, wenn er die Ziele und die emotionale Verfassung seines Zuhörers nicht berücksichtigt, wird er damit nicht zum Erfolg kommen.

Nur wenn ich durch emotionale Intelligenz meinen Kommunikationspartner verstehe und seine Bedürfnisse kenne, kann ich meine Ziele darauf abstimmen und erfolgreich kommunizieren. Ein kurzer Blick zur Seite oder die Füße in »Fluchtstellung« sind in der Kommunikation ebenso wichtig wie unsere Rhetorik und viele weitere feine, kaum sichtbare Nuancen in unserer nonverbalen Kommunikation.

In diesem Buch werde ich auf die Kombination aus beidem eingehen und meine Sichtweise einer emotional intelligenten Kommunikation darlegen.

# VIER PUNKTE ZUM ERFOLG

Die entscheidenden Punkte, die ich in diesem Buch Schritt für Schritt erkläre, haben das Ziel, zukünftig Menschen lesen, verstehen und beeinflussen zu können.

- Selbstwahrnehmung
- Einfühlungsvermögen
- Selbstmanagement
- Fremdmanagement

Das Schöne ist, dass diese Fähigkeiten nicht von angeborenen Genen abhängen, sondern wir alle die Möglichkeit haben, in diesen Bereichen zu wachsen. Alle Eltern können diese besonderen Werte an ihre Kinder weitergeben und ihnen den bestmöglichen Start ins Leben schenken.

## 1. Selbstwahrnehmung

Um erfolgreich zu kommunizieren, müssen wir lernen, wie wir selbst funktionieren und reagieren. Erst dann können wir andere Menschen verstehen, lesen oder lenken. Außerdem fällt es mir leichter, mich selbst zu akzeptieren, wenn ich verstanden habe, warum ich mich so verhalte, wie ich es tue.

## 2. Einfühlungsvermögen

Erst wenn wir sehen und verstehen, was dem anderen wichtig ist, können wir zielgerichtet kommunizieren. Ähnlich ist es in einer Beziehung: Erkennen wir nicht, wann es Zeit ist, den Mund zu halten, führt das im schlimmsten Fall zu ihrem Ende.

## 3. Selbstmanagement.

Es ist schön, wenn es allen gut geht, aber was ist mit mir? Ich behaupte, das Wichtigste sind immer wir selbst! Das klingt egoistisch, ist es aber nicht. Nur wenn es mir gut geht, geht es auch den Menschen um mich herum gut. Nur wenn ich mit mir und meinem Leben zufrieden bin, kann ich diese Zufriedenheit weitergeben.

## 4. Fremdmanagement

Der letzte Schritt ist die Königsklasse. Wie schaffe ich es, Beziehungen aufzubauen und sie erfolgreich für mich zu nutzen?

Eigentlich müsste hier die Bezeichnung »Manipulation« stehen. Aber was löst das bei uns aus?
Der Duden beschreibt es so:
*»undurchschaubares, geschicktes Vorgehen, mit dem sich jemand einen Vorteil verschafft, etwas Begehrtes gewinnt«.*

Dieser Begriff ist also in unseren Köpfen negativ besetzt, obwohl er überhaupt keine negative Bedeutung hat. Ich kann meine Kinder manipulieren, sodass sie leichter lernen. Ich kann meinen Partner manipulieren, dass er sich einen neuen Job sucht, in dem er besser behandelt wird. Ich kann meine Mitarbeiter manipulieren, damit sie erfolgreicher arbeiten und so mehr Geld verdienen. Ich möchte dich mit diesem Buch manipulieren, dass du durch eine bessere Kommunikation mehr Erfolg im Leben hast.

Manipulation ist also nur in unseren Köpfen negativ. In der Realität kann sie etwas besonders Gutes sein.

Unser Gehirn neigt dazu, immer den einfachsten Weg zu gehen. Das bedeutet, unsere Erfahrungen und Erwartungen werden immer wieder bestätigt. Über schon vorhandenes Wissen ein weiteres Mal nachzudenken, ist in dem Konzept unseres Denkens nicht vorgesehen. Das ist auch der Grund, warum uns Veränderungen so schwerfallen.

Möchtest du dich in deiner Denkweise abheben, denke ein zweites Mal nach und versetze dich in die gegensätzliche Meinung. Dies hilft dir, neue Ansätze zu finden, vor allem aber, die Ansichten von anderen zu verstehen.

Ein Beispiel dafür ist die Politik. Ich höre immer wieder, alle Trump-Wähler seien dumm. Sind sie es wirklich oder vertritt Trump nur die Ansicht der Menschen, die ihn wählen? Das Gleiche gilt für die Wähler der Rechtspopulisten, der Linken oder der Grünen. Es gibt einen Grund, warum sie diese Parteien wählen und das ist nicht Dummheit, sondern die persönliche Sichtweise jedes Einzelnen. Es bringt nichts, sie auszugrenzen, sondern es gilt, die andere Sichtweise verstehen, um auf Augenhöhe zu kommunizieren. Solange jeder nur seine Sichtweise sieht, ist jegliche Kommunikation schon von vornherein zum Scheitern verurteilt.

Damit du das Maximum aus diesem Buch mitnehmen kannst, habe ich außerdem eine Menge an Zusatzmaterialien, Videos und Downloads erstellt.

**Du findest sie unter folgendem Link:**
www.alexander-schelle.de/bonus-gem/

# WIE KANNST DU VON DIESEM BUCH PROFITIEREN?

Das Buch soll keine theoretische Abhandlung sein, sondern dich coachen und dir helfen, weitere Schritte in deiner Entwicklung zu gehen. Dabei spielt es keine Rolle, ob du dich gerade mehr auf deinen privaten Bereich oder auf dein berufliches Weiterkommen konzentrierst. Indem du emotional intelligente Kommunikation entwickelst, wirst du automatisch deine Fähigkeiten in allen Bereichen auf ein neues Level heben.

Damit du nicht nur Wissen sammelst, sondern es gleich praktisch anwenden kannst, gebe ich dir zahlreiche Tipps und zu jedem Kapitel eine Zusammenfassung. Vieles musst du selbst erleben, damit es in deinem Leben selbstverständlich wird. Dafür kann es hilfreich sein, nach der neuen Erfahrung noch einmal nachzulesen, um die eigene Erfahrung bestätigt zu bekommen. In meinem Coachingprogramm für emotional intelligente Kommunikation nutzen wir diesen Weg, um neue Erfahrungen selbstverständlich werden zu lassen. Das sollte auch dein Weg sein, schließlich hast du dir dieses Buch wahrscheinlich nicht zur Unterhaltung gekauft, sondern für deine Entwicklung. Daher möchte ich dich auch ein wenig fordern.

Ich empfehle dir außerdem, mit dir selbst zu beginnen, auch wenn die Versuchung groß ist, gleich zu erfahren, wie ich Menschen lese. Wir können andere Menschen nur lesen, wenn wir uns selbst verstehen. Obendrein ist es leichter, andere mit der eigenen Körpersprache und Mimik zu steuern, als diese zu lesen. Gehe also immer von dir selbst aus, der Rest kommt mit der Zeit von allein.

# TEIL 1

## SELBSTWAHRNEHMUNG

”

Das Unterbewusstsein ist ein gefährlicher Mitwisser – es weiß all die Dinge, von denen wir nichts mehr wissen wollen.

Lilli U. Kreßner (*1957)

# UNSER EMOTIONALES BEWUSSTSEIN

Wir lernen in der Schule, wo Madagaskar liegt, worin sich Nadelbäume unterscheiden und wie sich Bakterien vermehren. Aber wir lernen nicht, wie unser Gehirn funktioniert – obwohl es entscheidend ist zu verstehen, wie wir Informationen aufnehmen, verarbeiten und speichern.

Auch in unserer Kommunikation achten wir nicht darauf, in welchem Zustand wir oder unsere Gesprächspartner sich befinden. Es ist nicht möglich, immer aufnahmefähig zu sein. Was aber bringt die beste Rhetorik, wenn mein Gegenüber nicht in der Lage ist, mir zu folgen?

Stell dir vor, du hältst die Rede deines Lebens, perfekter Inhalt, rhetorisch brillant, vor 200 Zuhörern. Fühlt sich gut an, oder? Ich habe leider vergessen zu erwähnen, dass das Publikum aus der Mongolei kommt und keines deiner überzeugenden Argumente versteht. Und jetzt? Ist die Rede immer noch perfekt oder war es völlig sinnfreie Kommunikation?

Auch wenn das Beispiel übertrieben klingt, passiert genau das tagtäglich in fast jedem Unternehmen. Es wird viel gesprochen, aber wenig erreicht.

Beginne jeden Vortrag mit einem Eröffnungsstatement und einer Frage.

An den Reaktionen kannst du erkennen, wie der aktuelle Status der Gruppe ist. Musst du sie zuerst wachrütteln, bevor du beginnst? Sprecht ihr die gleiche Sprache (Fachbegriffe) oder musst du ein wenig leiser und langsamer sprechen, um den Pegel nach unten zu drehen? Vor allem bei einem Vortrag ist nicht nur der Inhalt wichtig, sondern auch der Weg zum gewünschten Kommunikationsziel.

Es ist also wichtig, uns selbst und damit auch alle anderen besser kennenzulernen. Dann ist es uns möglich, alle Vorteile und auch die Nachteile zu berücksichtigen, und wir werden erfolgreicher kommunizieren.

Ich möchte dir unsere Denkweise möglichst bildhaft beschreiben, da es unserem Gehirn schwerfällt, sich abstrakte Fakten vorzustellen:

Stell dir vor, du wärst ein Computer, ein Tablet oder ein Smartphone. Du bestehst aus Hardware, also Prozessoren für die Rechenleistung, Arbeitsspeicher für die aktuellen Programme und aus einer Festplatte als Langzeitspeicher. Damit diese Hardware funktioniert, benötigst du ein Betriebssystem für die grundsätzlichen Funktionen und Apps bzw. Programme für die spezifischen Anwendungen.

So sind auch wir aufgebaut: Unser Gehirn dient als Rechenleistung, Arbeitsspeicher und Festplatte. Unser Unbewusstes ist das Betriebssystem für alle automatisch ablaufenden Prozesse und programmiert durch unsere Erfahrungen, das eigene Wissen sowie antrainierte Abläufe.

## Das Unbewusste

Unsere körperlichen Prozesse und Instinkte sind uns angeboren und stammen aus der Zeit unserer Vorfahren. Daher bezeichnet man diesen Teil unseres Gehirns etwas despektierlich als Reptiliengehirn. Der Hirnstamm ist entwicklungsgeschichtlich der älteste Teil unseres Gehirns und die Schnittstelle zwischen dem Rückenmark und dem restlichen Gehirn. Er ist relevant für die wichtigsten Lebensfunktionen wie Atmen, Herzschlag oder Blutdruck.

Auf diesen Teil unseres Gehirns haben wir bewusst keinen Zugriff, weshalb wir ihn als das Unbewusste bezeichnen.

Neben den Körperfunktionen zählt auch unser Instinkt zu den unbewussten Handlungen. Die Ausschüttung von Adrenalin in brenzligen Situationen können wir ebenso wenig steuern wie all die anderen Hormone, die uns helfen, auch im Automatikmodus voll funktionsfähig zu sein.

## Das Bewusste

Vor etwa 250.000 Jahren entwickelte sich mit dem Homo sapiens der erste moderne Mensch und vermutlich ist mit ihm das erste Lebewesen mit einem Bewusstsein entstanden. Es gibt circa neun Millionen Arten von Lebewesen auf der Erde und du gehörst zur einzigen Art, die nach drei Milliarden Jahren Evolution ein Bewusstsein entwickelt hat. Wir können bewusst unsere Zukunft planen und uns – nicht automatisch durch unsere Instinkte, sondern durch bewusste Entscheidungen – weiterentwickeln.

Unser Bewusstsein ist genauso aufregend wie auch enttäuschend. Daher muss ich dich leider gleich wieder auf den Boden der Tatsachen zurückholen. So beeindruckend unser Bewusstsein ist, so klein ist es auch bei unseren täglichen Entscheidungen. Wir laufen die meiste Zeit im Automatikmodus.

Die Wissenschaft geht davon aus, dass wir nur höchstens 2 % unserer Entscheidungen tatsächlich bewusst treffen. Alles andere läuft wie bei unseren Vorfahren. Der Grund ist sehr einfach: Unser Gehirn wiegt ungefähr 1–2 % unseres Körpergewichts, benötigt aber bis zu 25 % unserer Energie. Würden wir unser Gehirn immer auf Hochtouren laufen lassen, könnten wir unsere Organe und Muskeln nicht mehr mit genügend Sauerstoff versorgen und uns würde die Energie für alle anderen Körperfunktionen fehlen.

Wir nutzen also die unbewussten Prozesse, um Energie zu sparen.

## Das Unterbewusste

In unserem Unterbewusstsein wird alles gespeichert, was wir erlernt oder erlebt und als wichtig empfunden haben. Dies beginnt schon mit der achten Woche als Embryo und setzt sich fort bis zu unserem letzten Tag. Stetig produzieren wir durch neue Informationen und Erfahrungen neue Gehirnzellen und Synapsen, die Verbindungen zwischen unseren Gehirnzellen. Wir lernen also nie aus, es wird ab Mitte zwanzig nur langsamer.

Dieser Teil unserer Psyche ist für unser Bewusstsein nicht direkt zugänglich. Das bedeutet für uns, wir können nicht einfach auf die Speichertaste drücken und die Informationen werden gesichert. Unser Unterbewusstsein ist komplexer aufgebaut und beruht auf Wiederholungen.

## ÜBUNG

Schau auf deine rechte Hand und mach das Peace-Zeichen: Zeige- und Mittelfinger ausstrecken und die anderen Finger zur Faust ballen. Vermutlich wird dir das noch sehr leichtfallen.

Wir gehen über in Phase 2. Jetzt machen wir das Zeichen für »I love you« (ILY). Hierfür streckst du den Zeige- und den kleinen Finger nach oben und den Ring- und den Mittelfinger in die Faust. Falls du das noch nie gemacht hast, wird es dir vermutlich schon ein wenig schwerer fallen, auch wenn es noch nicht die große Herausforderung ist.

In Phase 3 wechselst du so schnell wie möglich zwischen dem Peace- und dem ILY-Zeichen. Jetzt wird es langsam interessant, denn diese Bewegung kennt dein Unterbewusstsein noch nicht. Du musst sie neu lernen.

Falls du noch nicht aufgegeben hast, nimm in Phase 4 deine linke Hand dazu und mache die Zeichen synchron zur rechten Hand. Ungeübte sind jetzt an einem Punkt angekommen, an dem sie ihre Rechenleistung überfordern.

Wenn du immer noch dabei bist, habe ich auch noch eine Phase 5 für dich. Mache die beiden Zeichen gegensätzlich mit beiden Händen. Also mit der einen Hand Peace, mit der anderen Hand ILY und dann schnell im Wechsel.

Auch wenn diese Übung ziemlich sinnfrei ist, wird sie dir bei täglichem Üben zeigen, wie leicht es uns fällt, neue Prozesse in unserem Unterbewusstsein zu speichern. Dieser Vorgang passiert aber nicht beim Üben, sondern wenn wir Zugang zu unserem Unterbewusstsein haben. Das fällt vor allem dadurch auf, dass du am Ende des Übens noch nicht so große Fortschritte merkst. Am nächsten Tag sind die Bewegungen – etwas überraschend – schneller und flüssiger.

Das ist vergleichbar mit dem Erlernen eines Gedichts: Du übst und übst und immer wieder schleichen sich Fehler ein. Am nächsten Tag dann die Überraschung – du kannst es fehlerfrei.

Warum ist das so?
Das Unterbewusstsein ist den ganzen Tag mit unseren vollautomatischen Abläufen beschäftigt. In dieser Zeit hat es keine Ressourcen frei, um zu speichern. Wenn wir aber zur Ruhe kommen und in Trance fallen, also vom Wachzustand in den Schlafzustand übergehen, öffnet sich unser Unterbewusstsein für neue Erfahrungen. In dieser Phase entscheidet es, was wichtig ist und gespeichert wird und was unwichtig ist und verworfen wird.

Uns muss aber bewusst sein, dass nur ein kleiner Bruchteil der aufgenommenen Informationen gespeichert, der ganze Rest jedoch verworfen wird und in den Papierkorb kommt. Haben wir aber etwas gespeichert, können wir es nicht mehr löschen. Das klingt erst einmal gut, gilt aber leider auch für jede schlechte Erfahrung und für unsere unliebsamen Gewohnheiten, beispielsweise Rauchen oder die Liebe zu Gummibärchen. Möchten wir diese verändern, müssen wir neue Angewohnheiten programmieren, damit die alten nicht mehr zum Vorschein kommen. Diesen Prozess können wir mit Wiederholungen anstoßen, also unserem Gehirn sagen, dass es wichtig ist, oder mit Hypnose, weil wir uns dann schon im speichernden Zustand der Trance befinden.

Nehmen wir zum leichteren Verständnis unseres Unterbewusstseins einen Schüler: Er geht morgens in die Schule, bekommt sechs Stunden lang eine Druckbetankung der Lehrer, geht dann nach Hause und lernt nach dem Mittagessen noch einmal. Bis zu diesem Zeitpunkt wurden keinerlei Inhalte gespeichert. Das ist so, als würde ich viele Seiten schreiben, aber nichts speichern.

Als Belohnung für den harten Tag darf der Schüler jetzt bis zum Abend »zocken«. Wenn er ins Bett geht und langsam vom Wach- in den Schlafzustand übergeht, ist in der Trancephase Zeit, alles Wichtige des Tages zu speichern.

Jetzt die entscheidende Frage: Womit beschäftigt sich das Gehirn in diesem Moment? Mit dem Unterrichtsstoff oder wie er das nächste Level im Computerspiel erreicht?

Natürlich mit dem nächsten Level, weil die Computerspielindustrie unser Gehirn viel cleverer fordert als die Lehrer in der Schule. Beim Spiel haben wir die Herausforderung, wie es weitergeht. Noch nicht abgeschlossene Aufgaben sind in unserem Gehirn präsenter, wie uns der Zeigarnik-Effekt zeigt, den ich gleich erkläre. Dagegen fehlt in der Schule die Neugierde darauf, wie es weitergeht.

Die Lösung für Schüler wäre, immer nach dem Lernen eine Hypnose, Meditation oder einen Powernap zu machen. Dann wird das wichtige Erlernte gespeichert und im Anschluss kann man etwas anderes machen. Zusätzlich empfehle ich immer direkt vor dem Schlafengehen wichtige Dinge noch einmal zu lesen. Wer noch nach einer Lösung sucht, kann sich gern auf meiner Website meine kostenlose Hypnose »Hypnoenergie« herunterladen und so wie ich täglich nutzen.

## ZEIGARNIK-EFFEKT

Dieses Phänomen beruht auf der wissenschaftlichen Arbeit der russischen Psychologin Bljuma Wulfowna Zeigarnik aus dem Jahr 1927. Sie konnte in ihrem Experiment beweisen, dass wir uns an unfertige oder unterbrochene Aufgaben besser erinnern können als an abgeschlossene Aufgaben. Der Grund dafür ist das Verlangen, dass wir Dinge zu Ende bringen müssen. Ansonsten beschäftigt sich unser Gehirn weiter damit.

Die Spieleindustrie hält die Spannung durch immer neue Level hoch und die Filmindustrie nutzt ein offenes Ende bei Serien. Das erzeugt eine stetige Beschäftigung unseres Unterbewusstseins und den Wunsch weiterzuspielen oder weiterzuschauen.

# EMOTIONALE BEWUSSTHEIT ENTWICKELN

Dieses grundlegende Wissen sollte reichen, um zu verstehen, dass wir fast alles im Automatikmodus entscheiden. Aber wir können entscheiden, womit wir unseren Automatikmodus, also unser Unterbewusstsein, programmieren.

## Du bestimmst deine Zukunft!

Sehr spannend ist in diesem Zusammenhang die wissenschaftliche Arbeit von Forschern des Max-Planck-Institutes für Kognitions- und Neurowissenschaften in Leipzig. Sie konnten 2008 in einem Experiment die eigentlich bewusste Wahl, nämlich mit welcher Hand ein Knopf gedrückt wird, schon sieben Sekunden vor der tatsächlichen Entscheidung vorhersagen. Jeder bewussten Entscheidung geht also schon Augenblicke vorher eine unbewusste Entscheidung voraus. Dies deutet darauf hin, dass sich die Entscheidung in unserem Unterbewusstsein bereits anbahnt, aber noch nicht endgültig gefallen ist.

Nachdem wir jetzt wissen, dass der Großteil unserer Entscheidungen in unserem Unterbewusstsein gefällt wird, ist es unsere Aufgabe, genau diesen Teil unseres Denkens so gut wie möglich mit Informationen zu versorgen.

Ich kann bewusst entscheiden, mit welchen Menschen ich mich umgebe, welche Gesprächsthemen mir zukünftig helfen werden und welche mich nach unten ziehen. Ich kann auch entscheiden, was ich mir im Fernsehen oder im Internet ansehe und ob ich mich manipulieren lasse.

Es ist ab heute deine bewusste Entscheidung: Lese ich ein gutes Buch und bilde mich fort oder vertrödele ich meine Zeit mit meinem Smartphone. Lese ich die »Süddeutsche« oder die »Bild«, schaue ich die »Tagesschau auf ARD« oder »Scripted-Reality-Sendungen« auf RTL Zwei. Egal wie du dich entscheidest, du solltest dir jetzt bewusst sein, dass dies deine persönliche Zukunft beeinflusst.

Das gilt auch für deinen Partner, deine Kinder, deine Mitarbeiter und deine Freunde. Fütterst du sie mit negativen Informationen, programmierst du sie negativ. Versorgst du sie hingegen mit positiven Informationen, wirst du genau dieses Positive zurückbekommen. Unser Gehirn ist unheimlich komplex, die Konditionierung unserer automatischen Abläufe ist dagegen sehr einfach. Das erleichtert uns das Leben, ist aber eine Gefahrenquelle für Manipulation.

## KONDITIONIERUNG

Die klassische Konditionierung entdeckte 1905 der russische Psychologe und Nobelpreisträger Iwan Pawlow (1849–1936) in einer Studie mit seinen Hunden.

Pawlow konditionierte seine Hunde auf das Läuten einer Glocke. Gab es Futter, hörten die Hunde zuerst das Klingeln. Nach kurzer Zeit sabberten die Hunde schon erwartungsvoll, wenn sie nur den Ton hörten. Ihr Gehirn berechnete die Zukunft aufgrund der vorherigen Erfahrungen.

Der Mensch funktioniert nicht anders: Ein Raucher schüttet schon Dopamin aus, wenn er nur seine Zigarettenschachtel sieht. Das Gehirn geht davon aus, dass der nächste Nikotinschub gleich kommt, also ist es Zeit, Glückshormone auszuschütten. Das gilt aber nicht nur für Raucher, sondern auch beim Anblick von Schokolade oder beim Abgeben eines Lottoscheins. Der Mensch reagiert immer vollautomatisch aufgrund vergangener Erfahrungen.

”

Niemand weiß,
was in ihm drinsteckt,
solange er nicht versucht hat,
es herauszuholen.

Ernest Hemingway (1899–1961)

# EMOTIONEN UND GEFÜHLE

Emotionen und Gefühle sind ein wichtiger Teil von uns. Sie beeinflussen die Wahrnehmung, das Verhalten, eine Entscheidungsfindung sowie die Kommunikation.

Wir sehen unsere Emotionen und Gefühle gern als Synonyme, schließlich benutzen wir die gleichen beschreibenden Begriffe wie Angst, Freude, Ekel oder Liebe. In unserer Mimik und in der Ausschüttung unserer Hormone zeigen sich die gleichen Reaktionen und trotzdem unterscheiden sie sich. Dieses Wissen hilft dabei, uns selbst besser zu verstehen und andere Menschen leichter zu lesen.

## Wie entstehen Emotionen und Gefühle?

Unsere Emotionen und Gefühle sind das letzte Glied einer Kettenreaktion in unserem Nervensystem. Ich zeige dir die wissenschaftlichen Abläufe, bevor ich es dir für eine praktische Umsetzung erkläre:

- Wir bekommen eine Information.
- Wir nehmen die Information mit unseren fünf Sinnen auf.
- Der Thalamus entscheidet und steuert die Weitergabe der Information entweder zur Großhirnrinde oder zu unserem limbischen System.
- Kommt die Information in unser limbisches System, entstehen Emotionen.Kommt die Information in unsere Großhirnrinde, entstehen daraus Gefühle.

Emotionen entstehen also in dem primitivsten Teil unseres Gehirns und sind die Reaktion auf einen neuen Sinneseindruck. Der Thalamus (das sog. »Reptiliengehirn«) entscheidet im Bruchteil einer Sekunde, wie wir zu reagieren haben. Wir können daraufhin Angst haben, Ekel verspüren, Freude empfinden, Traurigkeit oder Liebe fühlen und viele weitere Emotionen erleben. Diese sind von uns nicht steuerbar und auch nicht veränderbar, weil sie unbewusst ablaufen.

Gefühle dagegen sind Reaktionen auf Erlebtes und Gelerntes und somit von uns veränderbar. Es sind die gleichen Reaktionen, also Angst, Freude, Wut, Scham, Liebe und vieles mehr. Daher ist der kleine, aber wichtige Unterschied nicht sofort zu erkennen.

In meiner Aufzählung kam in beiden Fällen die Liebe vor, doch wo ist jetzt der Unterschied? Stell dir vor, du lernst jemanden kennen, hast Schmetterlinge im Bauch und kannst es kaum erwarten, die andere Person baldmöglichst wiederzusehen oder zumindest eine Kurznachricht in Form eines Herzchens zu bekommen. Du kannst an nichts anderes denken und alles andere fällt dir in dieser Zeit schwer.

Das ist die Emotion Liebe, die wir nicht steuern können. Die Schmetterlinge sind nicht bestellbar und auch nicht abstellbar. Sie sind einfach da. Allerdings nicht auf ewig. Irgendwann verschwindet das Flattern im Bauch und wird von dem Gefühl Liebe abgelöst. Fühle ich mich weiterhin von der Person angezogen, komme ich mit den guten wie den schlechten Seiten klar? Sind wir füreinander bestimmt? Hier entscheidet sich, ob der Partner der Richtige ist, ob man für immer zusammenpasst.

Wir müssen verstehen, wie wichtig Emotionen und Gefühle in der Kommunikation sind. Anhand von Emotionen erfahren wir, wie es dem anderen geht, und wir können mit Gefühlen andere unbewusst steuern.

Falls du dies als große Herausforderung siehst, kann ich dir die Befürchtung nehmen. Du machst das sicher auch heute schon, aber vermutlich noch nicht bewusst. Wenn jemand traurig ist und weint, wirst du behutsam mit dieser Person umgehen und nicht wie ein Elefant im Porzellanladen die Situation noch verschlimmern. Das nennt sich Empathie und ist die Reaktion auf die gefühlte Wahrnehmung von anderen.

Verändere die Gefühle anderer mit meiner Challenge.

Ich habe es mir zur Aufgabe gemacht, jede Person, mit der ich zu tun habe, zum Lächeln und besser noch zum Lachen zu bringen. Es ist völlig egal, ob ich an der Supermarktkasse, bei der Security am Eingang oder an der Rezeption eines Hotels stehe. Ich bin erst zufrieden, wenn ich es geschafft habe, der anderen Person ein Lächeln ins Gesicht zu zaubern. Das kann jeder und falls nicht, kann man jeden Tag üben und besser werden.

Meine Erfahrungen mit dieser Challenge sind genial, weil ich mehr zurückbekomme, als ich dafür gebe. Ich bekomme Glücksgefühle, wenn ich wieder eine schwere Nuss geknackt habe, und ich schütte Glückshormone aus, wenn ich mit der anderen Person gemeinsam lache. Außerdem gehen die Menschen anders mit mir um, wenn ich freundlich bin. Dies gilt nicht nur für den persönlichen Kontakt, sondern auch für Telefonate. Ich weiß nach beinahe jedem Gespräch mit einer Hotline, wo die Person gerade sitzt, welchen Familienstand sie hat, wie aktuell das Wetter ist und am Ende ist mein Problem gelöst. Meine Erfolgsquote liegt bei fast 100 %. Wer kann das bei Hotline-Kontakten schon von sich behaupten?

Probiere es aus und versuche im ersten Schritt, jeden Kontakt anzulächeln. Das ist für viele schon ein großer Sprung, aber natürlich funktioniert das noch nicht bei allen Kontakten.

Im zweiten Schritt sag etwas Nettes oder Lustiges, lockere die Stimmung auf. Gerade bei eintönigen Arbeiten wie an der Kasse oder beim Abreißen von Tickets wirken die Personen schon etwas abgestumpft. Da musst du ein bisschen kreativer sein, um sie wachzurütteln.

Der dritte Schritt ist, einfach Blödsinn zu machen. Ich bin viel in Ländern unterwegs, in denen mich die Menschen nicht verstehen. Also mache ich irgendetwas Unsinniges, um sie aus ihrer eintönigen Arbeit zu holen. Viele Menschen schütteln vielleicht den Kopf, aber es ist einfach wunderbar zu erleben, wenn ein griesgrämiger Kontrolleur mit mir gemeinsam lacht und ich ihn für einen kurzen Moment aus seinem langweiligen Alltag holen kann.

Wenn du diesen Tipp umsetzt, verspreche ich dir, dass sich dein Leben schon in kürzester Zeit positiv verändern wird. Warum kann ich das versprechen? Weil die Emotion Freude automatisch Glückshormone freisetzt. Du kannst dich nicht dagegen wehren.

**ZUSAMMENFASSUNG:**

Gehen wir noch einmal in unser Bild von einem Computer zurück. Die Emotion entsteht in unserem Betriebssystem und ist nicht kontrollierbar. Das Gefühl entsteht auf der Festplatte unserer Erfahrungen, ist also bei jedem Menschen unterschiedlich.

## Deine Emotionen und Gefühle beeinflussen deine Kommunikation!

Stell dir vor, du hast gerade Streit mit deinem Partner. Wäre jetzt der richtige Zeitpunkt, um einen Kunden anzurufen? Oder du erfährst, dass du einen geliebten Menschen verloren hast. Wäre dann der richtige Zeitpunkt, um zu feiern? Selbstverständlich nicht. Unser Zustand beeinflusst unser zukünftiges Handeln. Streite ich mit meinem Partner, kommt im ersten Moment die Emotion Wut auf. Wir werden vielleicht laut, gehen in den Angriff über und das Hormon Adrenalin übernimmt die Kontrolle über unseren Körper. Das Gehirn wird weniger mit Blut versorgt. Stattdessen fließt es in die Muskeln, schließlich befinden wir uns gerade in einer außergewöhnlichen Situation und sind auf den Kampf vorbereitet.

Das klingt martialisch, aber unser »Kampf oder Flucht«-System hat sich über Jahrtausende entwickelt. Nur weil wir heute keine Keule, Axt und kein Schwert mehr schwingen, hat sich an unserer Hormonausschüttung nichts geändert. Der heutige Gegner ist allerdings kein Säbelzahntiger mehr, sondern unser Chef. Spätestens jetzt sollte klar sein, wie sich Emotionen auf die Kommunikation auswirken. Mit dem Säbelzahntiger mussten wir anders kommunizieren als mit dem Chef. Oder stehst du regelmäßig mit der Keule vor seinem Büro, um deine Meinung durchzusetzen?

Die Metapher klingt etwas hart, zeigt aber, wie wichtig es ist, auf den emotionalen Zustand zu achten. Das gilt für uns selbst, aber auch für den anderen. Wann ist der richtige Zeitpunkt für ein Gespräch? Oder besteht die Möglichkeit, den Zustand meines Gesprächspartners zu ändern?

Den richtigen Zeitpunkt einzuschätzen funktioniert nur, wenn ich bereit bin, mich mit den Menschen zu beschäftigen, mit denen ich zu tun habe. Vor mehr als zehn Jahren hatte ich einen Chef, der ziemlich unberechenbar war. An manchen Tagen war er sympathisch, aufmerksam und sachlich und an anderen Tagen kurz angebunden, fordernd und sehr launisch. Ich benötigte ein halbes Jahr, um herauszufinden, woran es lag. Er war Fußballfan und wenn seine Mannschaft unter der Woche abends spielte, war es besser, ihm an diesen Tagen aus dem Weg zu gehen. Das hatte ich dann konsequent eingehalten. Warum soll ich mir selbst Stress machen, wenn es auch einfach geht?

Auch in einer Partnerschaft ist dieses Vorgehen durchaus möglich. Beispielsweise benötigen manche Menschen nach der Arbeit eine Stunde Ruhe oder wollen morgens vor dem ersten Kaffee nicht angesprochen werden. Dann ist es nicht ratsam, dies zu ignorieren.

In der Partnerschaft und sogar bei Kindern kann man aber auch die Strategie der emotionalen Veränderung nutzen. Ein Familienmitglied hatte zum Beispiel gerade Ärger oder ist müde und kaputt von einem schlechten Tag. Dann ist jetzt nicht der richtige Zeitpunkt für ein wichtiges Gespräch, sondern für die Umkehr der Emotionen. Hierbei hilft uns das Hormon Oxytocin. Es ist unser Kuschelhormon und baut Stresshormone ab.

Eine Forschungsgruppe der Universität Zürich hat 2008 mit 47 Paaren getestet, wie sich Oxytocin auf deren Streitverhalten auswirkt. Schon vorher war bekannt, wie wichtig das Kuschelhormon für das Sozialverhalten von Säugetieren und Menschen ist.

Die 47 Paare sollten im Labor über ein typisches Konfliktthema in ihrer Beziehung diskutieren. Vorab erhielten alle ein Nasenspray, ein Teil mit Oxytocin und der andere Teil mit einem Placebo.
Die Diskussionen wurden aufgezeichnet und mithilfe eines Codiersystems wurde analysiert, ob der Umgang positiv oder eher negativ war. Zudem wurde bei allen Teilnehmern wiederholt das Stresshormon Cortisol gemessen.

Am Ende der Studie konnte klar belegt werden, dass die Paare, die Oxytocin erhalten hatten, positiver miteinander umgingen als die

Paare, die nur das Placebo bekommen hatten. Zudem war der Cortisolwert bei den Oxytocin-Paaren niedriger.

Das heißt, Oxytocin reduziert unsere Stresshormone und hilft uns im sozialen Miteinander. Ich möchte hier aber keine Werbung für ein Nasenspray machen, sondern dazu anregen, öfter deinen Partner oder deine Freunde in den Arm zu nehmen. Immer wenn wir jemanden berühren, wenn wir kuscheln, schüttet unser Körper unser Kuschelhormon aus und das können wir für uns nutzen.

Was machen Kinder, wenn sie etwas wollen? Wenn sie clever sind, kuscheln sie sich an die Mama oder den Papa und offenbaren erst dann ihren Wunsch. Das zeigt, dass unsere Instinkte noch funktionieren. Sie werden uns aber durch unser gesellschaftliches System abtrainiert, um erwachsen zu werden.

Ich bin mir fast sicher, dass du sofort gedacht hast, dass Kinder sich natürlich den richtigen Elternteil für die Frage aussuchen. Der Grund ist einfach: Weil Kinder sich noch nicht so gut ausdrücken und argumentieren können, versuchen sie den Weg des geringsten Widerstands zu gehen. Hier stellt sich die Frage: Warum machen das so wenige Erwachsene?

## AUFGABE

Bevor du den nächsten Schritt gehst und andere Menschen lesen möchtest, musst du dich selbst kennenlernen und dafür habe ich eine kleine Aufgabe für dich.

Achte auf dich und überlege bewusst, welche Emotionen und Gefühle du gerade empfindest. Das kann beim Autofahren sein, im Job, mit deinem Partner, aber auch bei einem Film kannst du etwas empfinden.

Kennst du das Gefühl, dann entscheide, ob es eine Emotion ist, also von dir nicht beeinflussbar, oder ob es ein Gefühl ist, also von dir beeinflussbar und beruhend auf deinen bisherigen Erfahrungen.

Mit dieser Übung lernst du die Emotionen und Gefühle kennen und kannst sie zukünftig leichter auch bei anderen Menschen lesen.

”

Wir sind nicht nur
verantwortlich für das,
was wir tun,
sondern auch für das,
was wir nicht tun.

Molière (1622–1673)

# TEIL 2

## EINFÜHLUNGSVERMÖGEN

Wie kann man die Gedanken anderer Menschen lesen?
Das ist die Frage, die mir am häufigsten gestellt wird. Ich überlege dann immer, was wir erwarten, wenn wir ganz einfach Gedanken lesen könnten. Würde sich irgendetwas ändern, wenn jeder weiß, was der andere denkt?

Ich kenne die Antwort nicht, aber ich weiß, dass wir uns einen Vorteil verschaffen, wenn wir Menschen lesen können. Allerdings funktioniert das nicht wie in einem Buch, Wort für Wort oder Satz für Satz. Wenn wir aber aufmerksam sind und unsere Umwelt bewusst wahrnehmen, können wir Menschen zumindest Kapitel für Kapitel lesen. Das reicht vollkommen, um ihre Stimmung, ihre Absichten oder ihre Einstellung uns gegenüber zu verstehen.

Nachdem wir im ersten Teil des Buches uns selbst kennengelernt haben, geht es in diesem Abschnitt um die anderen. Was können wir alles wahrnehmen, um erfolgreich zu kommunizieren?

Ich empfehle dir, all das, was ich erkläre, auch bewusst auszuprobieren, denn theoretisches Wissen bringt dich nicht weiter. Du musst ins Tun kommen. Dafür werde ich dir wieder Tipps und Übungen mitgeben.

# MENSCHEN LESEN UND VERSTEHEN

Hast du ein Haustier?
Wie vermittelt dir dein Hund, deine Katze oder welches Tier auch immer du lieb gewonnen hast, dass es Hunger hat, spielen, rausgehen oder kuscheln möchte?

Tiere können nicht sprechen, aber trotzdem können wir mit ihnen kommunizieren. Wir verstehen, was sie gerade möchten, ohne dass sie dafür unsere Sprache nutzen.

Falls du jetzt schmunzeln musst, innerlich nickst und meine Aussage bestätigst, ist das die normale Reaktion, die ich auch in Gesprächen immer wieder auf meine Aussage erhalte. Wir können die Gedanken von Tieren lesen, wir wissen, was sie benötigen, gleichzeitig behaupten wir aber, wir können die Gedanken unserer eigenen Spezies nicht lesen.

Sprache ist nicht die einzig mögliche Kommunikationsform. Ein treuer Hundeblick, ein sanftes Streichen der Katze am Bein oder das Wiehern eines Pferdes ist ebenfalls eine Art der Kommunikation. Sie verständigen sich mit Mimik, Körpersprache und Gestik. Auch faul in der Ecke zu liegen und vermeintlich gar nicht zu kommunizieren, ist eine Form der Kommunikation. Wie sagte schon Paul Watzlawick: »Man kann nicht nicht kommunizieren.«

Der Hund möchte damit beispielsweise ausdrücken: Bei dem Sauwetter möchte ich nicht raus. Es ist also eine Botschaft.

Blicken wir in der Geschichte der Menschheit zurück, haben wir in unserer Entstehung über einen sehr langen Zeitraum so kommuniziert, wie wir es heute von Tieren kennen. Unsere Sprache hat sich erst über einen sehr langen Zeitraum entwickeln müssen. In dieser Zeit war es wichtig, die Absichten der anderen zu erkennen, damit man keine Keule auf den Kopf bekam. Das Lesen von Menschen war also wichtig, um die Evolution zu überstehen.

Heute sieht es etwas anders aus. Wir nutzen Sprachen, die alles bis ins kleinste Detail ausdrücken können. Sicherlich ein großer Vorteil in der Kommunikation, sofern alles ausgesprochen wird. Genau hier liegt das Problem: Wir verraten nicht alles, was uns bewegt. Daher ist es so wichtig, genauer hinzusehen, um die Nuancen zwischen dem Gesagten und der tatsächlichen Wahrheit zu erkennen.

**ÜBUNG**

Stell dich vor den Spiegel und schau ganz traurig und enttäuscht. Und jetzt sag laut: »Mir geht es super!«

Glaubst du dir selbst?
Drehen wir das Spiel um: Lächle in den Spiegel und sag ganz ernsthaft: »Ich hasse dich.«

Hat das funktioniert? Ziemlich sicher nicht, weil unsere Muskeln etwas anderes sagen als unsere Sprache.

Was wir aussprechen, ist nicht unbedingt das, was wir fühlen. Um das zu erkennen, benötigen wir Empathie.

Aber Körpersprache ist noch lange nicht alles, was wir sehen und interpretieren können. Gehen wir noch einmal ins Tierreich: Begegnen wir einem Löwen oder einer kleinen Miezekatze, wird unsere Reaktion unterschiedlich sein. Bei einem Löwen macht es auch einen Unterschied, ob wir ihn im Zoo oder in freier Wildbahn sehen.

### WIEDERHOLUNG

Die Information LÖWE wird, wie im vorangegangenen Kapitel beschrieben, in unserem Thalamus verarbeitet. Der gefährliche Löwe wird an das limbische System weitergegeben und es entsteht die Emotion Angst.

Bei dem Löwen hinter Gittern wird die Information an unsere Großhirnrinde gegeben und es entsteht vielleicht das Gefühl der Freude, so ein tolles Tier zu sehen.

**Gleiche Information, aber anderer Kontext bedeutet andere Gefühle.**

Auch Menschen unterscheiden sich und aus diesem Wissen können wir Rückschlüsse ziehen. Unbewusst machen wir das alle, jeder aus seiner persönlichen Sicht und aufgrund seiner eigenen Erfahrungen.

FolgendeskönnenwirbereitsbeimerstenAufeinandertreffenerkennen:

**1. Geschlecht**

Auch wenn uns Gleichberechtigung wichtig ist: Männer und Frauen agieren, denken und kommunizieren unterschiedlich. Frauen können Fremde häufig besser einschätzen. Sie sind einfühlsamer und kommunizieren vorsichtiger – oft auch geschickter. Männer dagegen üben gern Dominanz aus und verlassen sich häufiger auf das Recht des Stärkeren.

Wichtig ist aber, das eigene Geschlecht zu bedenken, weil wir mit ihm anders umgehen als mit dem gegenteiligen.

**2. Alter**

Damit ist nicht gemeint, ob jemand 23 oder 25 Jahre alt ist, sondern es geht um unsere Lebensabschnitte. Ein Berufsanfänger hat andere Interessen und Ziele als ein Facharbeiter mit Mitte dreißig oder jemand, der schon auf die sechzig zugeht. In jedem Alter stehen andere Dinge im Mittelpunkt. Das kann die Familiengründung sein, es kann die Entwicklung zur Führungskraft sein oder auch, dass man auf seine Gesundheit achtet.

Jedes Alter hat also spezifische Themen und die können wir leicht einschätzen.

**3. Herkunft**

Es ist völlig egal, woher wir kommen und welche Hautfarbe wir haben, emotional sind wir alle Rassisten. Das ist vollkommen normal und bedingt durch unsere Geschichte. Fremdlinge waren in der Vergangenheit eine Bedrohung für unser Dorf. Zur eigenen Sicherheit haben wir jeden anders aussehenden Neuankömmling sehr argwöhnisch und mit großer Vorsicht in Empfang genommen.

Wenn jemand hingegen so aussah wie das eigene Volk, hat diese Person Vertrauen bekommen. Das können wir auch heute noch nicht abstellen, weil es eine Emotion ist. Denken wir allerdings über die Person nach, passiert das in der Großhirnrinde. Das Vertrauen wird hier zum Gefühl. Dann sind wir keine Rassisten, weil wir wissen, dass keine Gefahr von dem anderen ausgeht.

Wir projizieren positive wie negative Eigenschaften, die wir an uns selbst schätzen oder ablehnen, auf andere. Damit begehen wir einen Beurteilungsfehler. Wenn jemand aus demselben Ort oder derselben Region kommt wie man selbst, ist uns die Person sympathischer. Das gilt ebenso für den gleichen Job oder die Vorliebe für den gleichen Fußballverein. Je mehr Merkmale sich überschneiden, umso vertrauter ist uns die Person.

Gute Verkäufer nutzen das, indem sie aufmerksam zuhören über gemeinsame Interessen Vertrauen aufbauen. Das ist leicht umzusetzen und du kannst sofort damit beginnen. Im Kapitel »Pacing und Leading« vertiefe ich das Thema, um zu zeigen, wie man damit Menschen für sich gewinnen kann.

**4. Name**

Bei Hotlines sehen wir in der Regel unseren Ansprechpartner nicht. Der Name kann uns aber einen Hinweis darauf geben, woher die Person kommt. Dies ist nicht nur eine Information, die verarbeitet werden muss, sondern eine Möglichkeit, um Vertrauen aufzubauen. Mit Fragen und Aussagen wie »Ein interessanter Name, woher kommen Sie?«, »Da waren wir im Urlaub« oder »Da möchten wir nächstes Jahr hinfahren, was muss man dort unbedingt ansehen?« kannst du ein ganz anderes Verhältnis zu der dir unbekannten Person aufbauen.

**5. Aussehen**

Sieht jemand eher gepflegt oder ungepflegt aus? Welche Kleidung, Schuhe und Accessoires trägt die Person? Hier gibt es viele Möglichkeiten, aber Achtung, manchmal trügt der Schein. Passt die Kleidung zum restlichen Auftreten? Eine erfolgreiche Person strahlt das auch in Freizeitkleidung aus, eine Person ohne Selbstwertgefühl dagegen erkennt man trotz Designeranzug.

Das Aussehen ist nur ein kleines Puzzleteil unseres Gesamtbildes.

**6. Körpersprache**

Auf die Körpersprache gehe ich noch näher ein, aber schon beim ersten Kontakt können wir erkennen, wie jemand auf uns zukommt. Ist die Person offen, verschlossen, mutig oder wirkt sie ängstlich und zurückhaltend?

Was benötigt die Person, damit es ihr gut geht?

**7. Sprache**

Spricht eine Person eher schnell, langsam, laut oder leise? Hier können wir nicht nur die Stimmung unseres Gegenübers leicht erkennen, sondern ihm auf gleicher Ebene begegnen, indem wir unsere Sprache anpassen.

**8. Job**

Diese Beobachtung ist sehr einfach und es fällt auf, wie wir den Unterschied verschiedener Berufsgruppen unbewusst nutzen. Ich habe es schon öfter erlebt, dass Personen im Blaumann einfach geduzt werden. Trägt hingegen jemand Anzug und Krawatte, ist das Sie selbstverständlich. Warum duzen wir also Handwerker und nicht die Sparkassenmitarbeiter? Wir kommunizieren aufgrund der getroffenen Einschätzung. Wenn wir das können, können wir es auch für uns nutzen. Das ist eine Form, Menschen zu lesen.

All diese Informationen helfen uns, Menschen besser einschätzen zu können. Nur funktioniert das nicht von heute auf morgen, sondern du musst bewusst damit arbeiten, immer wieder Menschen einschätzen und dich fragen, welche Bedürfnisse und Wünsche diese Person gerade hat. Wie kannst du die Person für dich gewinnen und was musst du tun, damit du deine Ziele in der Kommunikation erreichst?

Wissenschaftliche Studien haben gezeigt, dass wir nur 0,3 bis 7 Sekunden benötigen, um einen ersten Eindruck von einem Menschen zu gewinnen. Dies passiert unbewusst aufgrund unserer Vorerfahrungen. Treffe ich jemanden, der wie Helga aussieht, gehe ich davon aus, dass diese Person auch wie Helga ist. Wenn ich höre, dass die Person Peter heißt, geht mein Gehirn davon aus, dass sie die gleichen Eigenschaften hat wie der Peter, den ich kenne. Wenn mir vorher gesagt wird, die Person wäre besonders klug oder besonders dumm, wird sich das bei meinem ersten Eindruck bestätigen, auch wenn es überhaupt nicht stimmt.

Diese soziale Wahrnehmung ist eine Täuschung aufgrund unseres Vorwissens. Wir können diese Vorurteile nicht ausschalten, aber wir können bewusst entscheiden, ob die Vorannahme richtig ist.

Lernen wir also einen Menschen kennen, stecken wir ihn in eine Schublade. Emotional intelligente Menschen öffnen die Schublade wieder, wenn sich die Vorannahme nicht bestätigt, und packen die Person in eine neue Schublade. Dies sollte nicht nur beim ersten Treffen passieren, sondern immer wieder. Vielleicht hat sich ein neuer Mitarbeiter am Anfang schlecht in die Gruppe eingefügt, aber gilt das nach drei, sechs oder zwölf Monaten immer noch?
Bei all denjenigen, die sich nicht bewusst darüber Gedanken machen, kann man klar sagen: Einmal in einer Schublade, immer in einer Schublade. Das zeigt sich deutlich in Beurteilungen.

Dieses Wissen um den ersten Eindruck ist auch wichtig für die Wahrnehmung der anderen. Wie verkaufen wir uns beim ersten Eindruck? Wir werden ebenso in eine Schublade gesteckt. All die Punkte, auf die wir achten, sind auch für die anderen wichtig. An Alter, Geschlecht und Herkunft können wir kaum etwas ändern, aber unser Auftreten können wir beeinflussen und damit sogar unser Gegenüber.

In meinen vielen Jahren im Vertrieb war es für mich selbstverständlich, dass ich bei Treffen auf der Arbeitsebene andere Kleidung getragen habe als bei Treffen mit dem Vorstand und der Geschäftsführung. Das ist kein Anbiedern, sondern ein Angleichen, um meine Ziele leichter zu erreichen.

Wenn ich mit Nasenring, Sneakers und offenem Hemd beim Vorstand erschienen wäre, hätte mich dann jemand ernst genommen? Wäre ich ein Genie, könnte ich mir das vielleicht erlauben, aber ich bin kein Genie, also muss ich mit anderen Mitteln meine Ziele erreichen. Und mein Aussehen ist auch eine Form der Kommunikation.

Wie möchtest du von anderen wahrgenommen werden? Im Job von deinem Chef, deinen Mitarbeitern, deinen Kunden oder privat, wenn du ausgehst oder beim Besuch eines Elternabends?

Es gibt keine allgemeingültige Formel, was du zu tun oder zu lassen hast. Alles ist möglich und es ist deine Entscheidung. Du solltest dir dessen bewusst sein.

# MIMIK – WAS UNSER GESICHT VERRÄT

Das Lesen von Gesichtsausdrücken hat in den vergangenen zehn Jahren einen richtigen Hype erlebt und mittlerweile werden viele Seminare für das Erkennen von »microexpressions« angeboten. Für mich gibt es zu diesem Thema auch sehr viel Mythos. Klar können wir in Einzelbildaufnahmen jede Mikroexpression erkennen, aber geht das auch in Echtzeit? Sicherlich nicht immer bewusst, wir können nämlich Bruchteile einer Sekunde überhaupt nicht bewusst wahrnehmen. Trotzdem ist es sinnvoll, sich damit zu beschäftigen.

Um unsere Mimik zu verstehen, ist es wichtig, unser Unterbewusstsein zu trainieren. Dies tun wir, indem wir andere Menschen immer wieder beobachten und einschätzen. Am Ende werden wir vielleicht nicht wissen, warum wir richtig reagiert oder entschieden haben, aber unser Unterbewusstsein weiß es und genau das muss das Ziel sein.

Unsere Mimik sieht auf den ersten Blick sehr unterschiedlich aus und lange Zeit glaubte die Wissenschaft, dass sie angelernt ist, bis der amerikanische Psychologe Paul Ekman in einem abgelegenen Dorf in Papua-Neuguinea beweisen konnte, dass selbst die Einwohner abseits der Zivilisation die Mimik von ihnen unbekannten Menschen auf Fotos lesen konnten. Das bedeutet, die Gesichtsausdrücke aller Menschen stimmen bei den Grundemotionen überein.

Grundemotionen nach Ekman:

- Freude
- Überraschung
- Angst
- Wut
- Ekel
- Trauer
- Verachtung

Dies gilt nur für die Emotionen und somit für die angeborenen Mikroexpressionen. Die mimischen Ausdrücke unserer Gefühle sind angelernt und abhängig von der Umgebung, in der wir aufwachsen.

Im Grunde gibt es nicht viel zu sehen. Wir haben rund 26 Gesichtsmuskeln, von denen nur acht für unsere Mimik verantwortlich sind. Zum Vergleich: Der Rüssel eines Elefanten hat bis zu 40.000 Muskeln.

Wenn ich meinen Kursteilnehmern Bilder von Grundemotionen zeige und sie diese bestimmen sollen, ist die Trefferquote oftmals schon sehr gut. Wenn ich ihnen dann auftrage, die Mimik nachzumachen, liegen sie zu fast 100 % richtig.

Unsere Mimik drückt das aus, was wir fühlen. Wenn wir aber die Muskeln unseres Gesichts entsprechend nutzen, um eine Emotion darzustellen, können wir das Gefühl auch spüren. Das klingt etwas seltsam, daher empfehle ich dir, es am besten gleich auszuprobieren. Ich gebe dir hierfür sechs Bilder mit den Emotionen Angst, Ärger, Ekel, Freude, Trauer und Verachtung.

## Ordne die Bilder den richtigen Emotionen zu:

Vermutlich ist es dir nicht besonders schwergefallen, die jeweilige Mimik zu erkennen:

- Freude
- Ärger
- Verachtung
- Trauer
- Ekel
- Angst

Wir nehmen tagtäglich diese Emotionen wahr und verarbeiten sie unbewusst.

Als Kinder konnten wir Mimik sehr gut lesen, schließlich war das die erste Form unserer Kommunikation. Wir konnten schon als Baby erkennen, wer gut für uns ist und wem wir besser nicht trauen sollten. Dann lernten wir zu sprechen und zu verstehen und die Mimik war nicht mehr wichtig. Was nicht wichtig ist, wird auch in unserem Gehirn unwichtig und wir verlieren die Fähigkeiten wieder.

Aus diesem Grund gibt es nur eine Möglichkeit, wieder besser zu werden: Wir müssen üben und damit arbeiten, um Mimik wieder vollautomatisch, also unbewusst, erkennen zu können. Allerdings gilt auch beim Erkennen von Mimik, die beobachtete Person nicht nach nur einem kurzen Augenblick in eine abgeschlossene Schublade zu stecken. Es kann die unterschiedlichsten Gründe geben, warum jemand gerade die Gesichtsmuskeln spielen lässt. Eine reine Beobachtung ist in der Regel viel zu wenig für eine abschließende Beurteilung. Wenn du den Verdacht hast, dass dich die Person anlügt, lasse dir lieber die Vermutung weiter bestätigen, als sie sofort zu verurteilen.

Ich habe dazu eine Geschichte, die zeigt, wie schwer es ist, eine Situation ohne weiteres Hintergrundwissen richtig einzuschätzen. Im Vertrieb sind regelmäßige Meetings zur Abstimmung, Neuausrichtung und Kritik über nicht erreichte Zahlen üblich. Das Team muss sich rechtfertigen, warum die Zahlen noch nicht erreicht wurden. Eine Situation, in der selbst gestandene Vertriebler oftmals nervös wie das Kaninchen vor der Schlange sitzen.

Wir hatten eine junge Kollegin im Team, die gleichzeitig Mutter war. Sie verließ die Meetings immer vorzeitig, weil sie ihr Kind pünktlich vom Kindergarten abholen musste. Wir hatten mal wieder einen Einlauf vom Chef bekommen und diese Kollegin, die eigentlich mit die besten Zahlen hatte, wurde immer unruhiger am Tisch. Wir merkten ihr an, dass sie irgendetwas beunruhigte. Waren ihre Zahlen gelogen und sie hatte jetzt Angst, dass der Chef ihr auf die Schliche kam? Nein, sie wurde nervös, weil sie an ihr Kind dachte und das Meeting gleich verlassen musste.

Sie zeigte also die gleichen Anzeichen wie bei einer Lüge, aber der Grund war ein ganz anderer. So etwas Ähnliches habe ich auch einmal mit einem Kollegen beim Kunden erlebt: Er wurde mit fortschreitender Zeit immer unruhiger und ich konnte das Gefühl nicht loswerden, dass irgendetwas mit seinen Aussagen dem Kunden gegenüber nicht stimmte. Nach dem Treffen fragte ich ihn, was los sei und dass wir das Projekt so nicht realisieren könnten. Er schaute mich verwundert an und meinte, nein, er habe bloß die ganze Zeit im Hinterkopf gehabt, dass die Parkuhr schon abgelaufen sei und er keinen Strafzettel bekommen wollte.

Seine Unsicherheit hätte im schlimmsten Fall zum Abbruch unseres Projektes führen können, wenn der Kunde seine Unsicherheit bemerkt und auf das Projekt zurückgeführt hätte. Wir sprechen von Millionen-Projekten und er denkt an einen Strafzettel – und vermittelt mit seiner Mimik Unsicherheit auf unserer Seite.

## Die eigene Mimik nutzen

Die Mimik und damit die Emotionen anderer Menschen lesen zu können, ist eine Möglichkeit, die wir nutzen können. Deutlich einfacher ist es, die eigene Mimik einzusetzen, um andere zu beeinflussen.

Stell dir vor, eine Person ist richtig sauer auf dich und schimpft lautstark mit dir. Jetzt kannst du ein schuldbewusstes und einsichtiges

Gesicht zeigen oder ebenfalls böse schauen oder auch lächeln, weil der Grund für den Ärger gar nicht dich betrifft.

Was löst das bei deinem Gegenüber aus?
Schaust du einsichtig, wird der Ärger langsam abklingen, weil klar ist, dass du verstanden hast. Schaust du dagegen böse und gehst in eine Verteidigungshaltung, wird sich die Situation im Normalfall weiter hochschaukeln und beide Seiten werden noch aggressiver.

Das Lächeln ist etwas zweischneidig: Ist es zu übertrieben, fühlt sich der andere vielleicht nicht ernst genommen und wird dann richtig sauer. Es kann aber auch die Luft aus der negativen Explosion genommen werden, wenn man freundlich lächelt und aufklärt, dass es keinen Grund gibt, sich aufzuregen.

**Ein Tipp** von einer Teilnehmerin aus meinem Coaching-Programm: Sie ist frisch vermählt und hat mit ihrem Mann vereinbart, dass er nicht böse auf sie sein soll, wenn sie richtig schlecht drauf ist und mit ihm schimpft. Er soll sie einfach in den Arm nehmen, weil sie in dem Moment sicher nicht böse auf ihn ist, sondern sich vermutlich in etwas reingesteigert hat.

Er hat es tatsächlich beim nächsten Mal so gemacht und sofort war der Ärger verflogen.

Dies ist eine wunderbare Lösung. Der Anker, »den anderen zu spüren«, lässt die aktuelle Situation vergessen, man denkt noch einmal neu nach und schon sieht die Welt ganz anders aus.

Eine geniale Lösung, die ich jedem Paar nur ans Herzen legen kann.

Meine Mimik ist eine Antwort, wie ein Ja oder Nein, nur nicht ausgesprochen. Wenn die Mama oder der Papa dem unsicheren oder ängstlichen Kind zustimmend zunickt, wird es das Gefühl empfinden: Ich schaffe das. Schauen die Eltern dagegen ängstlich, wird die Angst des Kindes zunehmen.

Ich bin mir sicher, du denkst gerade: Das setze ich doch schon immer ein. Genau so ist es, nur noch nicht bewusst. Selbstverständlich arbeiten wir alle mit unserer Mimik, aber die wenigsten wissen, welche Macht darin steckt und wie leicht wir Menschen allein mit unserer Mimik manipulieren können.

Ich möchte an dieser Stelle noch einmal an meine Lächeln-Challenge aus dem ersten Kapitel erinnern. Sie hat eine sehr starke Wirkung und du lernst dabei, deine Mimik bewusst einzusetzen.

Sehen wir uns weitere Einsatzbereiche an

- **Mehr Informationen bekommen**

Möchtest du, dass dir jemand mehr Details erzählt, benötigst du eine zustimmende und neugierige Mimik. Du kannst mehr Informationen von deinem Kunden erfahren, du kannst aber auch mehr erfahren, was deine Kinder bewegt. Probiere es aus: Wie würdest du schauen, wenn du eine spannende Geschichte hörst und wissen möchtest, wie es weitergeht?

- **Der böse Blick**

Die Technik des bösen Blicks wird gern von Eltern angewendet. Kinder sehen sofort, wenn die Stimmung umschlägt und es besser ist, den Geschirrspüler freiwillig auszuräumen.

**Enttäuschung**

Noch besser als der böse Blick ist der Ausdruck der Enttäuschung. Das Bösesein der Eltern vergeht, aber wenn sie von uns enttäuscht sind, schmerzt das auch. Lieber machen wir also, was sie sagen.

**Besseren Preis bekommen**

Du sitzt beim Autohändler und wartest auf das entscheidende Angebot. Die Zahlen werden vorgelegt und jetzt kannst du lächeln und den Preis zahlen oder den Spieß der Verhandlungsführung umdrehen. Nur mit der eigenen Mimik.

Zuerst kommt sehr kurz die Mimik für Überraschung und im Anschluss wird daraus Enttäuschung und ein nachdenkliches Gesicht. Jetzt darf man die Zahlen nicht kommentieren, alles muss im Kopf des Autohändlers passieren.

Weil er ein geschultes Auge hat, sieht er, was gerade passiert. Er wartet auf eine Reaktion, aber es kommt keine gesprochene Antwort, sondern nur Mimik. Ein guter Autoverkäufer wird es registrieren und nach einer Pause darauf eingehen. Geht er nicht darauf ein, dann brauchst du nicht verhandeln, sondern kannst dich bedanken und verabschieden. Damit ist klar, du möchtest das Auto zwar, aber es liegt über deinem Budget. Der Verkäufer weiß das und wird alles tun, um an das Budget ranzukommen.

Dieses Vorgehen bietet eine viel höhere Erfolgschance als das übliche »da geht doch noch was«. Nach diesem Satz hört man immer wieder, dass nichts mehr zu machen ist. Damit ist auch jegliche Verhandlung vorbei, ansonsten würde sich der Verkäufer unglaubwürdig machen.

Natürlich könntest du sagen, dass der Preis über deinem Budget liegt, aber damit weckst du nicht den Antrieb des Verkäufers, dir das Auto auf jeden Fall zu verkaufen.

Ausprobieren und üben kannst du diese Technik im Urlaub auf Märkten. Es ist beeindruckend, welchen Blick Marktverkäufer haben und wie genau sie wissen, bei wem sie wie viel Geld herausholen können.

**● Ich sehe dich**

Ein großes Problem beim Führen von Menschen ist die Präsenz des Chefs oder das gefühlte Desinteresse der Führungskraft, auch wenn es nicht der Wahrheit entspricht.

Wenn dich Mitarbeiter begrüßen oder sie dir etwas erzählen möchten, gilt für deine Mimik: Sei so aufmerksam wie nur möglich. Schaust du dabei schon zur Tür (für die Flucht) oder auf dein Smartphone, zerstörst du mit diesem Blick alles, was du dir mühsam, vielleicht auch mit viel Geld aufgebaut hast. Mitarbeiter, die nicht wahrgenommen werden und keine Wertschätzung erhalten, werden langfristig genau so arbeiten, wie sie behandelt werden, oder sie werden kündigen.

# DIE SPRACHE DES KÖRPERS

Unsere Körpersprache ist der nächste Part unserer nonverbalen Kommunikation. Der Körper verrät oft mehr über unsere Gedanken, Gefühle und Absichten, als Worte allein es je könnten. Das Besondere daran ist, dass wir es auf der ganzen Welt nutzen können, um Informationen zu übermitteln, ohne ein einziges Wort zu sagen. In diesem Kapitel werde ich nicht nur darüber informieren, wie du Körpersprache liest, sondern auch darüber, wie du sie nutzt und wie du deine Mimik bewusst einsetzt, um die eigenen Ziele zu erreichen.

## Körpersprache verstehen

Unsere Körpersprache ist die älteste Form unserer Kommunikation. Mit ihr aktiv zu kommunizieren, haben wir aufgrund der Einfachheit der Sprache in der Evolution immer mehr verlernt. Allerdings war das nicht immer so in unserem Leben. Als Baby mussten wir die Körpersprache unserer Eltern lesen können, um sie zu verstehen. Wir haben gelernt, durch Greifen, Zeigen oder Strampeln das zu bekommen, was wir wollten. Das ist Kommunikation und wir haben sie nicht verlernt, sondern sie ist nur ein wenig in Vergessenheit geraten. Unsere Aufgabe ist es, sie wieder bewusst einzusetzen, um unsere Kommunikationsskills zu erweitern.

Wenn wir Körpersprache lesen, muss uns immer klar sein, in welcher Situation wir uns gerade befinden. Die gleiche Handlung kann unterschiedliche Informationen senden.

Dazu ein einfaches Beispiel:

Du stehst am Bahnhof und siehst einen Mann, der mit angstvoller Mimik ganz schnell läuft. Klar ist, er hat Angst und er hat es eilig. Das zu lesen, dürfte kein Problem sein, aber jetzt stellt sich die Frage, warum er es eilig hat und warum er Angst hat. Dies ist nicht so einfach zu sehen.

Er könnte Angst haben, den Zug zu verpassen und zu spät zu kommen. Er könnte aber ebenso verfolgt werden und Angst um sein Leben haben. Vielleicht ist es auch ganz anders und er ist der Verbrecher, der Angst hat, erwischt zu werden, oder ... Es gäbe sicher noch viele weitere Erklärungen. Daher ist es so entscheidend, nicht nur zu beurteilen, was du siehst, sondern die ganze Situation wahrzunehmen.

Die wichtigste Regel beim Lesen der Körpersprache lautet: Der Kontext spielt bei der Interpretation von Körpersprache eine entscheidende Rolle. Du solltest immer das große Ganze im Blick haben und dich mit weiteren Informationen absichern, bevor du entscheidest.

Neben dem Kontext sind aber auch die ethnische Abstammung sowie das Geschlecht und das Alter für die Körpersprache entscheidend. Nicht alle Menschen agieren und gestikulieren gleich. Du musst also erst verstehen, wie dein Kommunikationspartner agiert, um ihn auch lesen zu können.

Ein Kollege aus meiner Zeit im Vertrieb erzählte uns seine Geschichten immer mit viel Enthusiasmus und sehr ausladenden Gesten, egal ob es um Autos, Frauen oder seinen letzten Deal ging. Dies war auch in Meetings der Fall, solange er sich wohlfühlte. Wenn er sich allerdings nicht wohlfühlte, weil seine Zahlen nicht passten oder er in seinen Projekten nicht weiterkam, sprach er zwar genauso energisch und voller Elan, aber ohne seinen Körper.

Der Grund ist sehr einfach: Sein Gehirn musste sich auf seine Lügen konzentrieren und schaltete vom Automatikmodus in den hoch konzentrierten Modus: »Jetzt nichts Falsches sagen«. Die Leistung des Gehirns reichte nicht mehr aus, um auch noch seine Extremitäten zu steuern. Es ist daher leicht zu erkennen, wenn jemand lügt. Das funktioniert aber nur, wenn du vorher schon eine Baseline gebildet hast, also die Person schon kennst oder beobachten konntest, wie sie die Wahrheit sagt.

Falls du jetzt glaubst, so kannst du Lügen leicht entlarven, muss ich dich enttäuschen. Jeder Mensch agiert anders. Sehr viele Menschen unterstützen ihre Lügen mit zusätzlicher Körpersprache, die sie normalerweise nicht nutzen. Also genau andersherum als mein ehemaliger Kollege.

Um ihren Lügen Nachdruck zu verleihen, beginnen sie zu nicken, um zu bestätigen, dass es wirklich wahr ist. Aber warum müssen sie es zusätzlich bestätigen, wenn es wahr ist? Das sollte doch selbstverständlich sein, daher nicken wir bei der Wahrheit eher nicht.

Beobachte deine Mitmenschen nicht nur im vielleicht entscheidenden Moment, sondern verstehe sie, indem du sie immer wieder beobachtest. Um Körpersprache tatsächlich lesen zu können, benötigst du immer eine Baseline als Grundlage für deine Beobachtungen.

Dies ist auch der Grund, warum bei wichtigen Assessment-Centern, also einem Auswahlverfahren für den richtigen Bewerber, oftmals schon eine Abendveranstaltung oder ein Mittagessen vorneweg stattfindet. Der Personaler möchte die Baseline des Bewerbers in einer ungezwungenen Atmosphäre kennenlernen, bevor es in den wichtigen Teil des Bewerbungsverfahrens geht.

Das bedeutet für dich: Achte immer darauf, authentisch zu sein, vor, während und nach einem wichtigen Gespräch. Je weniger sich dein Verhalten ändert, umso weniger können andere Menschen deine tatsächlichen Absichten lesen.

## Körpersprache lesen

Der erste Schritt, um Körpersprache zu lesen, ist, andere Menschen bewusst zu beobachten. Darüber nachzudenken, was du gerade siehst und wahrnimmst und wie du das Gesehene interpretierst. Hierbei ist völlig egal, ob du es richtig siehst oder der Sachverhalt vielleicht ganz anders ist. Es geht nur darum zu lernen, wie du beobachtest.

Natürlich stecken wir dann Menschen in eine Schublade und sagen, der Mann ist böse zu seiner Frau oder die Eltern haben ihre Tochter nicht im Griff. Das ist vollkommen in Ordnung, weil es für die

Situation, die wir gerade gesehen haben, auch stimmt. Dass dies nicht der kompletten Wahrheit entspricht, wissen wir. Wir müssen jedoch bereit sein, die Schublade wieder aufzumachen und die beobachtete Person in eine neue zu stecken. In dieser Phase geht es nur darum, das Interesse an Menschen wieder zu wecken und die Umwelt anders wahrzunehmen.

Unser Ziel muss sein, unsere Wahrnehmung erneut zu schärfen und unser peripheres Blickfeld zu erweitern. Unter dem peripheren Sehen verstehen wir, nicht nur unseren Fokus wahrzunehmen, sondern möglichst viele Dinge, die nur am Rande passieren.

Wenn wir beispielsweise mit einem Menschen sprechen, sehen wir normalerweise erst in seine Augen, dann auf den Mund und fokussieren uns auf das Gespräch. Aber was machen gerade seine Füße, in welche Richtung zeigt der untere Teil des Körpers, wie steht die Person, stocksteif oder ganz locker, und vieles mehr? Das alles entgeht uns, wenn wir uns zu sehr fokussieren und den Rest unserer Eindrücke einfach ausblenden.

Wir müssen wieder lernen, unsere Umwelt und unsere Mitmenschen vollumfänglich wahrzunehmen und somit unser peripheres Sehen zu trainieren. Frauen haben hierbei einen Vorteil, denn sie nehmen deutlich mehr Informationen auf als Männer. Das ist auch der Grund, warum Frauen häufig empathischer sind. Sie erkennen eher, wie es anderen geht, und können sich daher besser in deren Lage versetzen, also empathisch agieren.

Um zukünftig Menschen besser lesen zu können, ist es wichtig, dass du an deinem peripheren Sehen arbeitest und es verbesserst. Ich verspreche dir, dies passiert fast von allein, sofern du bereit bist, deine Umwelt bewusster wahrzunehmen.

### AUFGABE

Nimm dir Zeit und fahre mit öffentlichen Verkehrsmitteln, setze dich in ein Café oder auf eine Parkbank und beobachte die Menschen um dich herum.

Überlege dir im zweiten Schritt, wie sich die Person gerade fühlt: Ist sie gut drauf, geht es ihr gut, hat sie vielleicht Sorgen oder ist sie in Eile?

Nachdem du ihre Gefühle analysiert hast, überlege, was die Person beruflich machen könnte. Nutze dafür deine Erfahrungen, wenn du eine Person kennst, die sich ähnlich gibt. Vielleicht macht sie beruflich genau das Gleiche.

Wiederhole im letzten Schritt deine Beobachtung gemeinsam mit einem Freund, einer Freundin oder mit deinem Partner. Geht raus und lasst euch von anderen Menschen inspirieren, beobachtet sie, schätzt sie ein, steckt sie in eine Schublade. Unterhaltet euch darüber, was ihr jeweils seht.

Übung macht den Meister und es macht Spaß.

Wichtig ist, dass eure Meinung komplett falsch sein kann, schließlich seht ihr nur einen kurzen Augenblick im Leben eines anderen. Die Beobachtung gilt also ausschließlich für diesen kurzen Augenblick.

Jetzt wäre der richtige Zeitpunkt, das Buch wegzulegen und die Aufgabe immer wieder zu machen. Da mir bewusst ist, dass für diese Vorgehensweise der Mensch zu neugierig ist, machen wir weiter und nehmen an, du wärst jetzt schon so weit, mehr als nur die bloße Information zu sehen. Aber bitte mache die Aufgabe trotzdem so oft wie möglich, schließlich kann nur das Tun eine Veränderung schaffen.

Wenn du so weit bist, stellt sich die Frage, worauf du achten musst, was du sehen und wie du die Information für dich nutzen kannst.

Unsere Körpersprache hat eine Automatikversion, die wir zum Teil ausschalten können. Sofern sie aber im Automatikmodus läuft, können wir sehr gut erkennen, welche Emotionen unser Gegenüber gerade hat.

Stell dir vor, du gehst durch den Busch und plötzlich steht ein Tiger vor dir. Unser Sehsinn gibt die Information Gefahr an unser limbisches System weiter, Hormone werden durch den Körper gejagt, wir schütten Adrenalin aus und die Emotion Angst entsteht.

Darauf können wir je nach unserer eigenen Programmierung mit drei Verhaltensweisen reagieren: Kampf, Flucht oder Totstellen.

Jetzt schließe für einen kurzen Moment die Augen und stell dir vor, wie ein Mensch mit diesen unterschiedlichen Verhaltensweisen aussehen könnte.

Ich nehme an, es fiel dir nicht schwer, dir vorzustellen, wie jemand in der Situation aussieht. Somit kannst du jetzt schon die Körpersprache von Menschen lesen, die sich aggressiv auf einen Kampf vorbereiten, die flüchten wollen oder die sich tot stellen. Falls du dich fragst, wie dir das helfen soll, schauen wir uns das etwas detaillierter an und beginnen bei den Füßen. Die können wir nämlich am wenigsten bewusst steuern.

Ist jemand bereit für den Kampf, werden die Füße fest auf dem Boden und sicher etwas breitbeiniger stehen, um im Falle eines Angriffs einen sicheren Halt zu haben. Außerdem zeigen die Füße auf die andere Person.

Bei einer flüchtenden Person hingegen werden die Füße in die Fluchtrichtung zeigen und das Gewicht liegt schon eher auf den Ballen, um schnell loslaufen zu können.

Beide Reaktionen können wir auch im täglichen Leben sehen. Nicht ganz so offensichtlich, aber auch ohne Tiger gibt es Momente der Reaktionen Kampf oder Flucht. Wenn jemand im Kampfmodus vor dir steht, solltest du sehr gut auf deine Wortwahl achten. Der andere steht gerade unter Strom und ist bereit, dich anzugreifen. Etwas Versöhnliches kann helfen, die Wogen ein wenig zu glätten.

Wenn du mit jemandem sprichst, dessen Fußspitzen in Richtung Tür zeigen, kannst du davon ausgehen, dass er nicht mehr richtig zuhört – er möchte weg. Ob das an dir und deinem Thema liegt oder ob er einen anderen Termin hat, ist daraus nicht zu lesen. Du hast nur die Information, dass er jetzt wegmöchte.

Du merkst, wir können schon aus unseren ursprünglichsten Reaktionen Dinge sehen, daraus Rückschlüsse für unser Verhalten ziehen und davon profitieren.

Beobachte nicht nur Menschen, sondern auch Tiere, sie haben oftmals eine ganz ähnliche Körpersprache wie wir. Empfehlen kann ich dir den Film »Kampf der Kriegeraffen«. Das war eine Dokumentation auf Arte, die du jetzt auf YouTube findest.

Sehen wir uns unseren ganzen Körper an:

- **Füße – Beine**
  Unsere Füße sind in der Körpersprache am ehrlichsten. Niemand achtet darauf und daher geben sie uns ungefiltert den Wunsch der jeweiligen Person wieder.
  Neben der schon angesprochenen Information, volle Aufmerksamkeit oder Flucht, ist auch der Gang eine sehr interessante Information: Schleicht jemand eher, schlurft unsicher mit kleinen Schritten oder geht selbstbewusst mit langsamen und sehr deutlichen Schritten?

  Ich nutzte das bei wichtigen Terminen. Dann trug ich Schuhe mit Ledersohle, die bei jedem Schritt zu hören waren. Das war die klare Ansage: Mit mir darf man nicht spielen, mich muss man ernst nehmen. Auch heute noch trage ich auf der Bühne sehr »laute« Schuhe. Schließlich muss ich als Mentalist auch genau dieses Selbstvertrauen ausspielen.

  Deutlich zu erkennen sind auch gekreuzte Beine. Wer so steht, wird sich wohlfühlen, da aus diesem Stand eine schnelle Flucht kaum möglich ist.

Füße können wunderbar zum Flirten eingesetzt werden. Es knistert bei einer unabsichtlichen Berührung und man kann unter dem Tisch unbemerkt Nähe herstellen. Frauen spielen dabei gern mit ihren Schuhen, was gleichzeitig ein Zeichen ist, dass sie sich wohlfühlen. Sie sind nicht auf der Flucht! Sanfte Berührungen sind ein Signal: »Nimm mich wahr«.

Baut sie eine Barriere mit den Beinen auf, wird es nichts werden, egal, wie sehr er es versucht. Das limbische System sagt: »Ich mag nicht!«

- **Rumpf – Po**
  Unser Po allein sagt noch nicht viel aus, aber wir sitzen darauf und das kann uns einige Informationen geben. Sitzt jemand aufrecht ganz vorn auf der Stuhlkante, signalisiert uns die Person wie schon mit den Füßen in Fluchtrichtung: »Ich will hier weg.«

  Eine andere Möglichkeit ist die Fläzhaltung: Po auf der Stuhlkante, den Körper aber nach hinten gelehnt, vergleichbar mit dem halben Liegen auf der Couch. Das ist respektlos und ablehnend, kann aber auch auf Angst hinweisen und Unterwürfigkeit zeigen.

Dass man eine Körperhaltung fehlinterpretieren kann, musste ich selbst erleben. In meinem Job als Koordinator war ich zum ersten Mal bei einem Review mit unserem Chef aus der Zentrale dabei und saß unglücklicherweise genau rechts neben ihm. Er hielt einen langen Monolog und erklärte, wie unfähig alle wären.

Am Ende ging er mich an, weil ich mich während seines Monologs nach hinten gelehnt hatte. Ich solle doch mehr Respekt zeigen. Allerdings hatte meine Haltung nichts mit fehlendem Respekt zu tun, sondern ich hatte mich bewusst zurückgelehnt, damit ihn auch diejenigen, die rechts von mir saßen, sehen konnten. In der Situation hatte es keinen Sinn, ihm das zu erklären, weil seine Interpretation der Situation durchaus möglich gewesen wäre. Es zeigt aber, dass das, was wir sehen, nicht immer den Tatsachen entspricht.

Ideal sitzt du, wenn du mit dem Becken ganz an die Lehne stößt. Damit sitzt du aufrecht und nimmst den Stuhl voll ein.

- **Oberkörper**
  In diesem Bereich befinden sich unsere lebenswichtigen Organe. Was mussten wir bei Gefahr tun? Genau, darauf aufpassen.
  Es ist eine vollkommen natürliche Körpersprache, wenn wir zurückweichen oder ausweichen. Schließlich müssen wir uns vor einem Angriff schützen. Der Oberkörper lehnt sich also nach hinten, wenn wir uns unwohl fühlen, und er lehnt sich nach vorn, wenn wir dem anderen vertrauen.

Um uns zu schützen, halten wir unbewusst eine Tasche oder ein Buch vor unseren Oberkörper. Damit fühlen wir uns sicher vor einem Angriff. Aber auch hierbei ist die Gefahr für Fehlinterpretationen sehr groß: Vielleicht wird der Gegenstand vor die Brust gehalten, weil er schwer ist, oder die Arme sind vor dem Körper verschränkt, weil es eine bequeme Körperhaltung ist. Hier gilt ebenfalls, nicht aus jeder Beobachtung sofort eine Schlussfolgerung zu ziehen. Wenn wir allerdings sehen, dass jemand erst während eines Dialogs langsam den Schutzwall aufbaut, ist die Information sehr klar.

Ein offener Oberkörper zeigt uns Selbstbewusstsein und Vertrauen. Geht die Person mit dem Oberkörper nach vorn, schenkt sie uns ihre volle Aufmerksamkeit.

Streckt jemand die Brust heraus, ist es eine Machtdemonstration. Wir kennen das aus dem Tierreich, wenn ein Gorilla die Fäuste auf seine Brust schlägt.

- **Atmung**
  Zum Oberkörper gehört auch unsere Atmung. Wir können erkennen, ob das limbische System bei dem anderen angesprungen ist, ob er Adrenalin freigesetzt hat, schneller atmet und in den Kampf- oder Flucht-Modus geschaltet hat.

Du bist in einem Gespräch mit einem Coaching-Klienten, auf einmal reagiert sein limbisches System. Schon ist klar: Hier ist ein wunder Punkt. Oder du führst ein Mitarbeitergespräch. Du siehst die Veränderung und es ist klar, hier fühlt sich der Mitarbeiter gerade unwohl.

Du fragst ein Familienmitglied nach einem Arztbesuch, ob alles gut ist, und obwohl es bejaht, wird der Atem kräftiger. Dann ist der Zeitpunkt gekommen, misstrauisch zu werden und das Thema etwas tiefer zu betrachten. Im Gegensatz zu vielen offensichtlichen körpersprachlichen Signalen können wir unsere Atmung nicht so leicht steuern und somit liefert sie eine ehrliche Information.

- **Hals – Schultern**

  Der Hals ist das Angriffsziel von Raubtieren und daher für uns immer noch ein empfindlicher Körperteil. Fühlen wir uns bedroht, neigen wir auch heute noch dazu, unseren Hals zu schützen, indem wir entweder die Schultern nach oben oder das Kinn nach unten ziehen. Dann sind wir weniger angreifbar. Wir sprechen dabei von einer Schildkrötenhaltung: Wir verstecken uns in unserem Panzer. Dieses Verhalten sehen wir in der Regel nicht über eine längere Zeit, sondern es passiert vor allem, wenn sich der andere in die Enge getrieben fühlt. Wir müssen also auf die Veränderung achten und bekommen dadurch die Information, dass sich das Gegenüber bei diesem Thema nicht wohlfühlt. Woran das wohl liegt?

  Indem jemand aber seine Kehle zur Schau stellt, sagt er: »Ich habe keine Angst, im Zweifel greife ich auch an.« Wir nehmen das häufig als arrogant und überheblich wahr.

  Das Schulterzucken steht dagegen in unserem Duden, so offensichtlich ist es. Es bedeutet »Ich weiß es nicht« und unterscheidet sich nur in der Intensität.

- **Hände – Arme**

  Steht jemand mit offenen Händen vor uns, möchte er uns zeigen, dass er nichts zu verbergen hat. Sehen wir dagegen nur den Handrücken, fragen wir uns, was dieser Mensch zu verheimlichen hat. Dies gilt auch, wenn jemand die Hände in der Tasche hat.

  Über die Gestik mit unseren Armen und Händen können wir aber noch viel mehr zeigen, oftmals auch bewusst. Vielleicht möchtest du jemandem zeigen, dass er nicht noch näher kommen soll, oder du kannst mit einer Faust deutlich machen, dass jetzt genug ist. Auch ein einzeln erhobener Finger zeigt uns Dominanz und kann bedrohlich wirken.

Halten wir unsere Hände vor den Mund, ist uns vielleicht etwas rausgerutscht, was wir besser nicht gesagt hätten.

Hier könnte man noch sehr viel ergänzen. Allerdings sind unsere Gesten häufig antrainiert und somit mit Vorsicht zu genießen. Ein gutes Beispiel ist Angela Merkels Raute, die sie mit ihren Händen vor ihrem Oberkörper hält.

Es ist gar nicht so einfach, die Finger so sanft aufeinanderzudrücken, vor allem, wenn du vor ein paar Hundert Menschen eine Rede hältst oder gerade von Journalisten angegriffen wirst. Im Normalfall würdest du eher die Hände zusammenpressen, um dem Stress ein Ventil zu geben. Offensichtlich ist Frau Merkel sehr stressresistent und ausgeglichen. Sie lässt sich nicht aus der Ruhe bringen und ich zolle ihr dafür meinen höchsten Respekt. So sah es offensichtlich auch der Großteil der Bevölkerung. Wir möchten von Menschen geführt werden, die sehr stressresistent sind, und das sieht man gerade an dieser sehr ruhigen staatsmännischen Geste.

Dieses Auftreten hat aber nicht nur positive Seiten. Aufgrund der sehr reduzierten Gestik fällt es schwer, das, was sie sagt, noch zusätzlich durch Körpersprache zu unterstreichen. Hier ähnelt sie mehr einem alten herrschenden Löwen als einem agilen Leoparden. Aber in jeder Position sind andere Charaktere verlangt.

Die Raute ist eine Weiterentwicklung des Dachs, das viele Männer nutzen. Hier kannst du den Stressfaktor gut sehen: Wenn auf einmal aus der leichten Berührung eine Faust wird, steigt der Stresspegel gerade deutlich.

Unsicherheit sieht man auch leicht, wenn sich jemand bei einer Rede an den Hals oder in die Haare fasst.

Wenn du genügend geübt hast, andere Menschen zu analysieren, ist es jetzt an der Zeit, auf Veränderungen zu achten. Was passiert bei den Menschen, die du beobachtest, wenn sich die Situation verändert?

Was macht dein Kollege, wenn er erfährt, dass er zum Chef muss? Wie reagiert eine Person auf Zuneigung oder Ablehnung? Welche Reaktion ist zu sehen, wenn ein Thema einen nicht vorhergesehenen Verlauf nimmt?

Im Normalfall wird sich bei all diesen Themen auch die Körpersprache verändern und gerade Veränderungen sind die sicherste Informationsquelle beim Lesen von Körpersprache. Aber wie immer gilt es, mehrere Informationsquellen zu nutzen.

Sehr spannend ist es, wenn du Veränderungen siehst, aber noch nicht weißt, welchen Grund es dafür gibt. Dann ist der Zeitpunkt gekommen, dass dein Unterbewusstsein schon von allein dein Umfeld beobachtet und du deinen Fortschritt vom Bewusstsein in das Unterbewusstsein geschoben hast.

## Die eigene Körpersprache nutzen

Die Körpersprache anderer zu lesen, ist eine Möglichkeit, den Körper einzusetzen. Noch bedeutender ist jedoch, dass du deine eigene Körpersprache bewusst nutzen kannst, um deine Gedanken, Gefühle und Absichten effektiver zu vermitteln.

Wir alle können Körpersprache unbewusst lesen. In unserem Automatikmodus reagieren wir auf die Signale anderer und daher setzen wir unseren Körper auch bewusst ein. Wir zeigen, in welche Richtung wir gehen möchten, machen Kindern vor, was sie nachmachen sollen, gehen auf Abstand und sagen damit dem anderen: »Das oder dich mag ich nicht.«

Der erste Schritt, um deine Körpersprache zu nutzen, besteht darin, dass du dir deiner eigenen nonverbalen Signale bewusst bist. All die Signale, die auf das Lesen von Körpersprache zutreffen, sind entscheidend für dein eigenes Handeln. Dies erfordert Selbstbeobachtung und Ehrlichkeit. Achte auf deine Gesten, Mimik, Haltung und auch den Tonfall deiner Stimme. Mit der Zeit wirst du merken, wie einfach es ist, mit deiner Körpersprache andere zu beeinflussen.

Am häufigsten – und sicher auch am einfachsten – wenden wir die Körpersprache im Dialog an. Möchtest du jemandem etwas erzählen, solltest du das zu ihm hingewandt tun, mit offenen Händen und die Füße in seine Richtung gerichtet. Das Gegenüber wird mit größerer Aufmerksamkeit reagieren, weil du ihm deine volle Präsenz schenkst. In so einem Fall ist es schwer, nicht darauf zu reagieren.

Am einfachsten lernen wir, wenn wir Theorie praktisch anwenden. Daher empfehle ich dir, deine Form des Erzählens in der Familie oder mit deinem Partner auszuprobieren.

Erzähle etwas, so wie du es immer machst, und beobachte die Körpersprache deines Zuhörers. Ist er aufmerksam oder hört er nur mit einem Ohr zu und hat fünf Minuten später keine Ahnung mehr von dem, was du erzählt hast?

Das nächste Mal erzählst du mit deiner vollen Präsenz. Wie verändert sich das Verhalten deines Zuhörers? Ist er aufmerksamer? Kennt er die Geschichte noch am nächsten Tag?

Es ist wichtig, diese Erfahrung zu machen, um zu verstehen, dass all das, was du nicht mit der nötigen Präsenz machst, am Ende vergeudete Zeit ist. Nur mit ganzem Einsatz kommst du zu deinem gewünschten Ergebnis.

Ein weiterer wichtiger Part ist die große Chance, unser Selbstbewusstsein zu stärken und anderen zu zeigen, dass wir kompetent und überzeugend sind. Dies erreichen wir, indem wir auf eine selbstbewusste Körperhaltung achten.

Wir sollten aufrecht stehen oder sitzen, mit offener Brust und entspannten Schultern. Der Blick geht selbstbewusst in die Augen unserer Gesprächspartner und unsere Gestik sollte ruhig, aber auch gern ausladend sein. Wir benötigen Raum für uns. Gestikulieren wir eher im Kleinen oder sehr hektisch, würden wir den anderen unsere Nervosität zeigen.

Das Besondere an diesem Auftreten ist, dass wir nicht nur selbstbewusster auf andere wirken, sondern es tatsächlich sind, weil unsere Umwelt auch auf uns reagiert und uns zurückspiegelt, was wir ausstrahlen. Wenn du dies einige Zeit bewusst einsetzt, steigt nicht nur dein Selbstwertgefühl, sondern dein Charisma wird sich mit der Zeit positiv entwickeln und du wirst Menschen magisch anziehen.

Auch für unsere Glaubwürdigkeit ist unsere Körpersprache entscheidend. Versuche daher nicht, deine Körpersprache bewusst zu verändern, sondern spiele mit ihr. Du musst dich wohlfühlen und authentisch bleiben. Wenn du das schaffst, wirkst du auf andere vertrauenswürdiger und es wird viel leichter, deine Ziele zu erreichen.

Beherrschen wir unsere Körpersprache, können wir sie zur Lösung von Konflikten einsetzen. Der erste Schritt ist, die Körpersprache des anderen zu lesen. Dann können wir seine Emotionen besser verstehen und effektiv reagieren. Reagieren wir auf die Aggression des anderen mit einer aggressiven Körpersprache, wird sich der Konflikt kaum lösen lassen. Zeigen wir aber eine ruhige und offene Körperhaltung, können wir die explosive Stimmung langsam abbauen und beruhigen.

In der Neuro-Linguistischen Programmierung (NLP) und der Hypnose gehen wir noch ein Stück weiter. Bevor wir das Gespräch übernehmen, gleichen wir uns an und führen dann unseren Gesprächspartner zu unserem Ziel. Diesen Vorgang bezeichnen wir als Pacing und Leading.

Mehr dazu erfährst du im Kapitel Pacing und Leading.

# DIE NONVERBALE KOMMUNIKATION

Unsere nonverbale Kommunikation umfasst aber nicht nur Mimik und Körpersprache, sondern auch alles, was über das gesprochene Wort hinausgeht.

Bevor wir uns mit unseren nonverbalen Fähigkeiten beschäftigen, möchte ich auf Folgendes hinweisen: Je detaillierter wir in den nonverbalen Kommunikationsprozess eintauchen, desto mehr müssen wir berücksichtigen, dass Signale in anderen Ländern eine völlig andere Bedeutung haben können. Wer also viel Kontakt zu anderen Kulturen hat, sollte darauf achten, welche Dinge er besser vermeidet.

Neben Mimik und Körpersprache gibt es folgende Möglichkeiten, nonverbal zu kommunizieren:

**1. Stimmlage und Tonfall:**
Die Art und Weise, wie Worte gesprochen werden, beeinflusst die Bedeutung einer Nachricht. Ein bestimmter Tonfall kann Freundlichkeit, Sarkasmus genauso wie Wut oder Unsicherheit vermitteln.
Möchten wir andere für uns gewinnen, werden wir mit einer sanften und ruhigen Stimme leichter zum Ziel kommen als mit einer lauten und dominanten Stimme.

Auch Pausen sind ein nonverbales Stilmittel, das wir nicht vernachlässigen dürfen. Sie vermitteln genauso wie eine dunkle Stimmlage Kompetenz.

Böse Zungen würden behaupten, man muss nicht kompetent sein, sondern nur so wirken.

**2. Berührung:**
Ein körperlicher Kontakt kann Zuneigung, Trost oder Unterstützung ausdrücken. Ein Händedruck, eine Umarmung oder eine sanftes

Antippen an der Schulter sind Beispiele für nonverbale Berührungssignale.

Beim direkten Körperkontakt mit anderen Menschen schütten wir das Kuschelhormon Oxytocin aus. Das vermittelt uns Sicherheit und wir fühlen uns wohl. Er ist also ein starkes Hilfsmittel. Allerdings dürfen wir es nicht ungefragt bei Mitarbeitern oder Fremden einsetzen. Das könnte zu Missverständnissen führen.

In der Familie dagegen sollten wir nicht nur, sondern müssen wir dieses Hilfsmittel nutzen, um zu trösten oder zu stärken. Berührungen geben ungemein viel Kraft.

**3. Abstand und Nähe:**
Die räumliche Distanz zwischen Menschen kann viel über ihre Beziehung und ihre Absichten aussagen. Nähe kann Intimität signalisieren, während Distanz Respekt oder Ablehnung ausdrücken kann.

Ich empfehle hier wie beim Pacing und Leading, langsam den Abstand zu verringern und zu beobachten, ob sich der andere dabei wohlfühlt. Paare nutzen das sehr ähnlich: Sie kommen sich langsam immer näher, berühren sich eher zufällig und unabsichtlich, bis sie sicher sind, dass die Kontaktaufnahme für beide Seiten in Ordnung ist.

**4. Kleidung und äußere Erscheinung:**
Die Art, wie sich eine Person kleidet und präsentiert, kann Informationen über ihren sozialen Status, ihren Beruf oder ihre Persönlichkeit vermitteln.

Diese Form der Kommunikation unterschätzen viele Menschen, sie ist aber für den ersten Eindruck oftmals entscheidend. Ich spreche dabei nicht von bestmöglich gekleidet sein, sondern passend für meinen Gesprächspartner.

Wir mögen Menschen, die uns möglichst ähnlich sind; gleiche Sprache, gleiche Herkunft, gleiche Interessen und noch vieles mehr. Je mehr Gemeinsamkeiten es gibt, desto sympathischer erscheint uns die andere Person.

Ein guter Autoverkäufer würde niemals sagen, dass deine Lieblingsfarbe Rot nicht schön ist, sondern sie ist natürlich auch seine Lieblingsfarbe. Wenn du keine Ledersitze magst, mag er auch keine. Am Ende hast du sein Traumauto zusammengestellt. Jedenfalls für den Moment, denn beim nächsten Käufer hat er ganz andere Vorlieben. Er gleicht sich an und macht sich damit sympathisch.

Das können wir wunderbar mit unserer Kleidung nutzen: Habe ich einen Termin beim Vorstand, ist mein bester Anzug die richtige Wahl. Treffe ich mich mit meinen Kollegen, ist ein Poloshirt sicher die bessere Wahl.

**5. Zeit und Pünktlichkeit:**
Zeitpläne einzuhalten oder sich zu verspäten, kann nonverbale Informationen darüber geben, wo die Prioritäten liegen und wie sehr bestimmte Situationen wertgeschätzt werden. Wer immer zu spät kommt, vermittelt den anderen, dass er sie und ihre Zeit nicht respektiert. Pünktlichkeit ist also die Voraussetzung für gute Kommunikation.

**6. Duft und Geruch:**
Selbst der Geruch einer Person oder eines Ortes kann der nonverbalen Kommunikation dienen und Erinnerungen oder Gefühle hervorrufen.

Wenn ich weiß, was der andere schätzt, kann ich mit einem Duft eine passende Stimmung schaffen. Allerdings ist hier Vorsicht geboten, denn nicht jeder steht auf Räucherstäbchen oder intensive Düfte.

**7. Gegenstände:**
Wie unsere Kleidung können auch Gegenstände viel über eine Person verraten. Lässt jemand sein Smartphone nie aus der Hand oder geht er noch mit einem altmodischen Terminkalender in die Besprechung?

Auch Videocalls und deren Hintergründe können viel über einen Menschen aussagen. Ist der Hintergrund verborgen, ist es das Wohnzimmer oder ist das Zimmer gezielt mit interessanten Utensilien bestückt?

Wir können all das nutzen, um immer mehr Informationen zu sammeln und das Bild zu einem Ganzen zu vervollständigen.

Wenn wir all das sehen können, kann es auch jeder andere. Das bedeutet: Wenn du all diese Punkte berücksichtigst, kannst du dein Gesamtbild so erstellen, wie du es gern haben möchtest.

Wichtig ist nur, dass das Bild authentisch bleiben muss. Eine Kunstfigur zu schaffen, bringt dich nicht weiter.

Mach dir Gedanken über dich: Wie wirst du bisher gesehen und wie möchtest du gern gesehen werden? Arbeite an dir, es ist nie zu spät, etwas zu verändern. Gehe Schritt für Schritt vor. Wichtig ist, dass du dich wohlfühlst.

# TEIL 3

## SELBSTMANGEMENT

Wer seinen Weg geht,
dem wachsen Flügel.

Zen (5. Jahrhundert)

Die ersten Stufen, vielleicht auch Stockwerke, haben wir hinter uns. Wir wissen, wie wir »funktionieren« und wie wir andere wahrnehmen. Beides ist die Grundlage, um Veränderungen herbeizuführen. In diesem Teil des Buches kümmern wir uns darum, dass es uns besser geht.

**Mein Grundsatz:**
**»Es muss mir gut gehen, damit es den Menschen um mich herum gut gehen kann.«**

Erfolg ist die Krönung allen Handelns.

Christian Kohlhase (*1967)

# MENTALE NEUPROGRAMMIERUNG

Ein klarer Verstand, Power und Energie sind für unser Wohlbefinden von großer Bedeutung, um Bäume ausreißen zu können. Im ersten Kapitel haben wir betrachtet, wie unser Gehirn funktioniert. Der nächste Schritt ist, dieses Wissen für die eigene Zukunft zu nutzen.

Unser Gehirn muss ebenso trainiert und gepflegt werden wie die Muskeln eines Sportlers. Erst dann sind wir für Höchstleistungen bereit.

## So kannst du dein Gehirn neu programmieren

Wäre es nicht wunderbar, wenn wir in unserem Gehirn einen Resetknopf drücken oder – noch besser – es neu programmieren könnten? Alles Vergangene hinter uns lassen, alles Negative vergessen und noch einmal von vorn anfangen, einfach ohne Altlasten.

Aufwachen, das funktioniert leider nicht. Unser Gehirn ist nicht in der Lage, Dinge zu löschen oder zu vergessen. Wir können aber Sichtweisen verändern und uns für die Zukunft positiv beeinflussen.

Wir erleben, lernen und speichern täglich neue Dinge. All das passiert automatisch. Wenn wir wissen, wie es funktioniert, können wir diesen Prozess für uns positiv nutzen. Es ist ein Irrglaube, dass wir etwas dauerhaft behalten, während wir zu lernen glauben. Wenn wir versuchen, etwas auswendig zu lernen, nehmen wir die Informationen in diesem Moment nur auf. Wir speichern sie aber noch nicht.

Dieser Prozess ist vergleichbar mit dem Schreiben in einem Textprogramm. Der Text ist in dem Moment vorhanden, aber bisher nicht für die Zukunft gespeichert. Fällt der Strom aus, ist der Text wieder gelöscht. Wir müssen also den Text speichern, damit er auf der Festplatte sicher ist.

So ähnlich funktioniert auch unser Gehirn. Wir nehmen den ganzen Tag unglaublich viele Dinge über unsere fünf Sinne auf, aber all diese Informationen werden nicht gespeichert. Auch nicht, wenn wir glauben, gezielt zu lernen. Erst wenn wir in eine Trancephase kommen, öffnet sich unser Unterbewusstsein und dann werden die wichtigen Dinge des Tages gespeichert.

Eine Trance ist also der Speicherprozess unseres Gehirns. Diesen Zustand durchleben wir jeden Tag mehrfach: Es ist die Phase zwischen Schlaf- und Wachzustand. Wenn wir in der Früh aufwachen, vielleicht noch ein wenig vor uns hinträumen, wenn wir ein Buch lesen und in die Geschichte eintauchen, wenn wir Musik hören oder einen Film ansehen. Selbst beim Autofahren kann es vorkommen, dass wir uns nicht mehr an die letzten fünf Kilometer erinnern, weil wir gerade vor uns hin geträumt haben. Dies ist ein sehr wichtiger Zustand. All die neuen Informationen werden sortiert und in wichtig und unwichtig eingeteilt. Der allergrößte Teil der Informationen wird verworfen und landet im Papierkorb. Die wichtigen Dinge hingegen finden den Weg in unser Unterbewusstsein und werden abgespeichert.

Damit sind wir beim Problem angekommen: Wir können nicht einfach sagen: »Das ist jetzt wichtig, das wird abgespeichert«, sondern unser Unterbewusstsein speichert das, womit wir uns häufig beschäftigen und daher eine Wichtigkeit vorspielen.

Ich denke, dir ist aufgefallen, dass die Erklärung über den Weg der Informationsspeicherung eine Wiederholung aus dem ersten Kapitel war. Wiederholungen geben unserem Gehirn die Information: Das ist wichtig und sollte gespeichert werden.

Wenn du also etwas lernen oder dein Unterbewusstsein neu programmieren möchtest, sind Wiederholungen sehr wichtig. Dies kann durch eine tägliche Routine durch Übungen oder Vorsagen erfolgen, aber auch Bilder mit den eigenen Zielen können dabei helfen.

Nimm ein Bild mit deinem Ziel und befestige es an einem Ort in deiner Wohnung, wo du es immer wieder sehen kannst. Wenn du abnehmen möchtest, dann wähle eine Hose, die du gern tragen möchtest. Wenn dein Ziel ist, Nichtraucher zu werden, visualisiere vielleicht einen Urlaub, den du dir von dem gesparten Geld leisten möchtest. Wenn du mit diesem Buch deinen Traumjob bekommen willst, überlege dir, wie dein Leben dann aussieht.

Je mehr du dein Unterbewusstsein darauf programmierst, umso größer ist die Chance, genau dieses Ziel zu erreichen.

Wiederholungen sind aber nur eine Möglichkeit, unserem Unterbewusstsein mitzuteilen, was uns wichtig ist. Eine zweite und noch effektivere Methode ist die Hypnose.

Hypnose wird gern als etwas Besonderes, Außergewöhnliches angesehen. Manche glauben, Hypnose sei böse, weil man damit Menschen manipulieren kann. Andere wiederum glauben, Hypnose sei ein Zustand, den nur ein Hypnotiseur herbeiführen kann, und die letzte Gruppe glaubt, dass Hypnose überhaupt nicht funktioniert und in Shows die Zuschauer nur mitspielen.

Alle drei Aussagen entsprechen nicht der Wahrheit. Hypnose wurde in Deutschland 2006 vom Wissenschaftlichen Beirat als wissenschaftlich begründete psychotherapeutische Methode anerkannt. Hypnose ist auch kein ungewöhnlicher Zustand, sondern der Zustand zwischen Wachen und Schlafen.

Heutzutage können wir die elektrische Aktivität des Gehirns messen und bestimmen, in welchem Zustand sich eine Person befindet. Die Wissenschaft unterscheidet folgende Zustände:

- **Gamma**
  Gamma-Wellen treten vor allem bei hoher Konzentration auf, beispielsweise beim Lernen, oder wenn wir auf ein überraschendes Ereignis reagieren.

- **Beta**
  Beta-Wellen sind unser typischer Wachzustand. Wir sind aufmerksam und nehmen unsere Umwelt vollumfänglich wahr.

- **Alpha**
  Alpha-Wellen entstehen, wenn wir in einen Zustand leichter Entspannung fallen, beispielsweise wenn wir ein Buch lesen, einen Film ansehen, Musik hören oder einfach vor uns hin träumen.

- **Theta**
  Theta-Wellen treten auf, wenn wir gerade einschlafen. In der Schlafforschung bezeichnet man es als die Schlafphasen N1 und N2. Das ist die Zeit, in der wir den Tag verarbeiten. Vielleicht kennst du das, wenn du im Bett liegst und kurz zuckst. Dann verarbeitet dein Gehirn gerade neu erlebte Dinge.

- **Delta**
  Die Delta-Wellen symbolisieren unseren Tiefschlaf, in dem unsere Grundfunktionen noch laufen, um am nächsten Tag wieder aufzuwachen. Ansonsten passiert in unserem Gehirn aber nichts mehr.

Der hypnotische Zustand liegt zwischen den Theta- und den Alpha-Wellen, ist also ein Zustand, den wir täglich durchlaufen und der vollkommen normal für uns ist. Das bedeutet, Hypnose ist nichts Ungewöhnliches, sondern ein natürlicher Zustand, den schon die alten Ägypter vor 2500 Jahren in Form des Tempelschlafs für sich entdeckt haben.

Im hypnotischen Zustand ist unser Unterbewusstsein offen, um neues Wissen und neue Erfahrungen zu speichern. Es ist die Abkürzung für unseren normalen Weg. Wenn wir einschlafen, entscheidet unser Unterbewusstsein, was an diesem Tag wichtig war und was nicht. Der größte Teil unserer neuen Erfahrungen landet im gedanklichen Müll und wird nicht gespeichert.

## So kannst du Hypnose für dich einsetzen

Die immense Anzahl an Möglichkeiten der Hypnose kann ich nicht ausführlich behandeln, das würde den Rahmen des Buches deutlich übersteigen. Ich möchte dir aber einige Dinge mitgeben, um die grundsätzlichen Möglichkeiten zu verstehen und zu entscheiden, wie du sie für dich nutzen kannst.

Dass jeder Mensch hypnotisierbar ist, sollte nach dem letzten Kapitel klar sein. Aber nicht jeder Mensch kann mit der gleichen Methode in Trance versetzt werden. Wir unterscheiden drei Wege, um in eine hypnotische Trance zu kommen:

- **Die autoritäre Hypnose**
  Die autoritäre Form der Hypnose ist die bekannteste. Mit einem Befehl und oftmals einem Überraschungsmoment wird der Proband in die Hypnose geführt. Wir können heute noch in Hypnoseshows sehen, wie mit dem Befehl »Schlaf« der Gast zügig in die Trance geführt wird.

  Dieser Weg funktioniert aber nicht bei jedem Menschen zuverlässig. Daher sehen wir in Shows ein Auswahlverfahren, um die richtigen Freiwilligen zu finden. Ein langwieriger Prozess, um in den hypnotischen Zustand zu kommen, wäre in einer Show für das Publikum zu langweilig.

- **Die antiautoritäre Hypnose**
  In der Hypnosetherapie wird heute hauptsächlich das Konzept der antiautoritären Hypnose von Milton Erickson genutzt. Der Hypnotiseur arbeitet nicht mit Befehlen, sondern mit Geschichten. Er interagiert mit der zu hypnotisierenden Person und führt sie langsam und entspannt in die gewünschte Trancephase.

  Dies ist mit allen Menschen möglich, die das nötige Vertrauen und die Bereitschaft mitbringen, in die Trance zu kommen.

Auch Audiohypnosen sind antiautoritär aufgebaut und du kannst dir meine antiautoritäre Hypnose »Hypnoenergie« von meiner Website *HIER LINK EINFÜGEN* kostenlos herunterladen.

Hypnoenergie soll dir helfen, Selbstvertrauen aufzubauen, Kraft zu tanken, Abstand zu gewinnen und Wissen präsent zu machen.

- **Die Selbsthypnose**
  Die dritte Möglichkeit ist die Selbsthypnose. Das ist mein liebster Weg für Menschen, die gern ihr Unterbewusstsein neu programmieren möchten.

  Ich war einer der Ersten in Deutschland, die regelmäßig Kurse zum Thema Selbsthypnose gegeben haben. Mein Debüt schrieb ich ebenfalls zu diesem Thema, weil es für mich wichtiges Grundwissen ist, wie man selbst in den Dialog mit seinem Unterbewusstsein kommt.

  Der erste Schritt ist zu lernen, wie man sich selbst in den Trancezustand versetzt. Dies ist für jeden leicht zu lernen. Wichtiger ist im Anschluss die Formulierung der Suggestionen, mit deren Hilfe wir mit unserem Unterbewusstsein kommunizieren. Die Suggestionen müssen unser altes Verhalten, unseren bevorzugten Sinneskanal und unsere Ziele berücksichtigen. Haben wir das erst einmal verstanden, sind wir viel eher Besitzer unserer Gedanken.

  Der Weg in die Trance ist nur der halbe Weg. Viel entscheidender sind die Möglichkeiten, die sich uns dadurch eröffnen. Ich möchte nachfolgend einige Beispiele geben, um zu zeigen, was möglich ist.

- **Stressabbau**

  Die einfachste Möglichkeit ist die Stressreduzierung mit Hypnose. Immer wenn wir in eine Trancephase fallen, werden all die Dinge, die wir aktuell im Kopf haben, sortiert, gespeichert oder verworfen.

  Hierfür benötigen wir keine speziellen Suggestionen, sondern es geht ausschließlich darum, den Kopf freizubekommen.

- **Energie tanken**

  Kraft und Energie tanken ist ebenso einfach und ich empfehle Geschäftsführern sehr gern, ihren Mitarbeitern 15 Minuten mehr Mittagspause zu gönnen, sofern sie bereit sind, diese Zeit für eine Powernap-Hypnose zu nutzen.

  Nach der Pause fallen die Mitarbeiter nicht in das allseits bekannte Suppenkoma, sondern sind genauso leistungsfähig wie am Morgen.

Ideal ist eine Powernap-Hypnose auch für lange Autofahrten. Ich bin aufgrund meiner Shows häufig in der Nacht unterwegs. Da kann es vorkommen, dass ich sehr müde werde und ein Weiterfahren lebensgefährlich wäre. Lege ich einen kurzen Stopp für eine Hypnose ein, bin ich wieder frisch für weitere zwei bis drei Stunden Fahrt.

- **Schmerzen kontrollieren**

  Schmerzen sind ein wichtiges Signal unseres Körpers, dass etwas nicht stimmt. Allerdings können wir auch unter chronischen Schmerzen oder stressbedingten Kopfschmerzen leiden. Dann ist es sinnvoll, die Schmerzen nicht mit pharmazeutischen Präparaten, sondern mit Hypnose zu beseitigen.

Ich hatte selbst früher häufig Kopfschmerzen und nur durch regelmäßige Entspannungshypnosen sind diese Kopfschmerzen fast vollständig verschwunden. Falls ich doch mal Kopfschmerzen bekomme, bevorzuge ich eine kurze Hypnose. Im Anschluss bin ich wieder frisch und mir geht es gut.

Gewohnheiten verändern

Zu veränderbaren Gewohnheiten zähle ich falsche Ernährung, Rauchen, zu wenig Bewegung und vieles mehr. Wollen wir daran etwas ändern, fällt uns dies oftmals schwer. Wir benötigen konkrete Suggestionen, um Verhaltensänderungen zu erreichen.

- **Ängste besiegen**
  In Deutschland hat jeder Fünfte eine oder mehrere Phobien. Das kann die Angst vor Spinnen, Mäusen oder Hunden, vor dem Fliegen, Höhenangst und vieles mehr sein. Diese Ängste können wir mit Hypnose positiv ersetzen, um sie endgültig zu besiegen.

- **Besser Schlafen**
  Mehr als ein Drittel der Erwachsenen in Deutschland gibt an, schlecht zu schlafen. Auch hier kann Hypnose eingesetzt werden. Wir können mit Hypnose in einen Trancezustand gelangen, der aber nicht in den Wachzustand zurückführt, sondern in einen langen, erholsamen Schlaf.

Weitere Themen können Lampenfieber, Prüfungsangst, Allergien, Selbstvertrauen, Immunsystem stärken, Blockaden lösen, Zähneknirschen, Eifersucht oder Trauer sein. Da Hypnose direkt unser Unterbewusstsein anspricht, kann alles bearbeitet werden, was mit unserem eigenen Denken zusammenhängt – also fast alles.

Jeder, der schon einmal einen längeren Flug hinter sich gebracht hat, kennt das Hin und Her im Flugzeug, bei dem man kaum zum Schlafen kommt.

Ich nutze dafür meine Schlafhypnose und ein Stirnband mit Kopfhörern, das ich über die Augen ziehen kann. Zuerst werde ich in eine hypnotische Trance versetzt und falle am Ende in einen tiefen Schlaf. So komme ich viel ausgeruhter am Ziel an.

Diejenigen, die unter Flugangst leiden, sollten sich gleich nach dem Anschnallen in Hypnose versetzen. So müssen sie den Abflug nicht miterleben.

## EMOTIONALE INTELLIGENZ

Intelligenz ist ein faszinierendes und vielschichtiges Thema, das die Menschheit seit vielen Jahrzehnten beschäftigt. Es geht um die kognitive Leistungsfähigkeit einer Person und um die Fähigkeit, logische, sprachliche, mathematische und sinnorientierte Probleme zu lösen. Diese Komplexität zeigt uns, dass ein IQ-Test niemals die wahre Intelligenz eines Menschen erfassen kann. Dafür müsste jeder Teilbereich bewertet und die Tätigkeit der Person im Leben berücksichtigt werden, da ein Astronaut selbstverständlich eine andere Intelligenz benötigt als ein Sozialarbeiter. Beide können in ihren Aufgaben Genies sein, aber möchte und kann man das wirklich vergleichen?

Ich möchte dein Weltbild ein wenig verschieben.

Würde ein Nobelpreisträger für Physik, also ein sicherlich sehr intelligenter Mensch, den Job einer Reinigungskraft genauso gut erfüllen können?

Den Job einer »normalen« Reinigungskraft vermutlich ja. Aber die Profis, die sich jeden Trick erarbeitet haben, um besser und gründlicher zu reinigen, Flecken zu entfernen, die mit normalen Putzmitteln nicht zu entfernen sind, und die Glasscheiben auch streifenfrei putzen können, werden in ihrem Job dem Nobelpreisträger absolut überlegen sein. Nicht nur im Ergebnis, sondern auch in der Zeit.

Klar könnten wir jetzt sagen, dass der Physiker sich ebenfalls alles erarbeiten und lernen kann. Aber hätte er den Antrieb dazu oder fehlen ihm sogar Eigenschaften, die er vielleicht nicht lernen kann?

Das ist natürlich ein Extrembeispiel. Mir ist es aber wichtig, dass du verstehst, dass jeder Mensch manche Dinge besonders gut kann und andere wiederum nicht. Wir sollten Menschen nicht klassifizieren, nur weil sie einen IQ-Test besser bestanden haben.

Um Intelligenz leichter zu unterscheiden und besser zu verstehen, wurde sie in unterschiedliche Teilbereiche eingeteilt:

- **Logisch:**
  Die logische Intelligenz hilft uns bei unserem analytischen Vorgehen. »Ich habe ein Problem, wie löse ich es?«

- **Verbal:**
  Die verbale Intelligenz sorgt für ein sehr gutes Sprachgefühl.

- **Räumlich:**
  Eine gute dreidimensionale Vorstellungskraft im Raum hilft bei der Orientierung oder beim Einparken.

- **Körperlich:**
  Diese Intelligenz steht für ein gutes Körpergefühl. Ein Vorteil für Sportler, aber auch für Handwerker oder Maler.

- **Musikalisch:**
  Musikalisch intelligente Menschen haben den Rhythmus im Blut und können Musik nicht nur hören, sondern sogar fühlen.

- **Naturalistisch:**
  Die Menschen verstehen die Natur, die Pflanzen, die Tiere und beobachten sehr gern.

- **Spirituell:**
  Der Glaube an etwas Höheres als das Irdische ist ihr Sinn des Lebens.

- **Emotional:**
  Emotionale Intelligenz beschreibt die Fähigkeit, eigene und fremde Gefühle wahrzunehmen, zu verstehen und beeinflussen zu können.

Ein großer Teil unserer Begabungen ist angeboren. Wir können sie durch Lernen verbessern, aber ein musikalisch begabter Mensch wird eher kein Mathematiker. Die einzige Intelligenz, die wir in größerem Maße beeinflussen können, ist unsere emotionale Intelligenz. Dies passiert während unserer Erziehung, aber auch im Erwachsenenalter können wir diesen Teil bewusst stärken.

Emotionale Intelligenz, oft abgekürzt als EQ (Emotional Quotient), bezieht sich auf die Fähigkeit, Emotionen zu erkennen, zu verstehen, zu regulieren und in sozialen Beziehungen effektiv zu nutzen. Die Idee der emotionalen Intelligenz wurde erstmals in den 1990er-Jahren populär, als der Autor Daniel Goleman das Konzept in seinem Buch »Emotionale Intelligenz« vorstellte. Goleman argumentierte, dass emotionale Intelligenz genauso wichtig, wenn nicht sogar wichtiger als traditionelle Intelligenz sei, wenn es darum geht, im Leben erfolgreich zu sein und gut mit anderen Menschen auszukommen.

Sein Konzept ist die Weiterentwicklung der Forschungsarbeiten des amerikanischen Psychologen Edward Lee Thorndike. Dieser beschrieb 1920 die soziale Intelligenz als die Fähigkeit, Männer und Frauen, Jungen und Mädchen zu verstehen, zu leiten und in menschlichen Situationen klug zu handeln. Es ging also schon vor hundert Jahren um die Wahrnehmung und die Handlung.

Daniel Goleman erweiterte die soziale Intelligenz um die Betrachtung seiner selbst. Emotionale Intelligenz ist eine Mischung aus folgenden Bereichen:

**1. Selbstwahrnehmung:**
Die Fähigkeit, die eigenen Emotionen zu erkennen und zu verstehen. Dazu gehört die Fähigkeit, die Auslöser von Emotionen zu identifizieren und ihre Auswirkungen auf unser Verhalten zu verstehen.

**2. Selbstregulierung:**
Die Fähigkeit, Emotionen zu kontrollieren und konstruktiv mit ihnen umzugehen. Dies umfasst die Fähigkeit, impulsives Verhalten zu vermeiden und mit Stress und Frustration umzugehen.

**3. Empathie:**
Die Fähigkeit, Emotionen und Perspektiven anderer Menschen zu erkennen und zu verstehen. Empathie ermöglicht es, sich in die Gefühle anderer hineinzuversetzen und mitfühlend zu reagieren.

**4. Soziale Fähigkeiten:**
Die Fähigkeit, effektiv mit anderen Menschen zu kommunizieren und zwischenmenschliche Beziehungen aufzubauen. Dies umfasst die Fähigkeit zur Konfliktlösung, zur Führung und zur Zusammenarbeit.

Emotionale Intelligenz spielt in verschiedenen Lebensbereichen eine entscheidende Rolle. Sie beeinflusst unsere berufliche Leistung, unsere zwischenmenschlichen Beziehungen und unser allgemeines Wohlbefinden. Menschen mit hoher emotionaler Intelligenz sind oft besser in der Lage, Stress zu bewältigen, Beziehungen aufzubauen und zu pflegen und in der Arbeit erfolgreich zu sein.

Die gute Nachricht ist, dass emotionale Intelligenz entwickelbar ist. Wir können an unserer Selbstwahrnehmung, Selbstregulierung, Empathie und an unseren sozialen Fähigkeiten arbeiten. Emotionale Intelligenz ist ein Schlüssel zu persönlichem Wachstum und Erfolg in unserer heutigen sozialen Welt.

# EMOTIONEN UND GEFÜHLE KONTROLLIEREN UND STEUERN

Unsere Emotionen und Gefühle sind unser inneres Navigationssystem, das uns durch das Labyrinth des Lebens führt. Sie sind ein wesentlicher Bestandteil unserer menschlichen Erfahrung. Was Emotionen und Gefühle sind und welche Auswirkungen sie auf uns haben, wurde im ersten Kapitel betrachtet. Jetzt soll es darum gehen, wie wir sie kontrollieren und steuern können. Das ist entscheidend, um ein erfülltes und ausgewogenes Leben zu führen.

Im Physikunterricht haben wir gelernt:

**»Energie geht niemals verloren, sie wandelt sich nur um.«**

Mit Emotionen ist es genauso. Die Energie aus Emotionen beeinflusst unsere Gefühle, Gedanken und Handlungen.

Lass uns das am besten gleich ausprobieren:

Nimm einen Stift sechzig Sekunden lang zwischen die Zähne. Während du das machst, sendet unsere Mimik an unser Gehirn, wir sind jetzt glücklich.

Nach sechzig Sekunden:

Ich nehme an, du sitzt jetzt lächelnd vor dem Buch. Falls nicht, verbrenne das Buch. Auch das löst eine Emotion aus, die dir Spaß bereiten könnte. Spätestens jetzt solltest du lächeln.

Kaum etwas beeinflusst unsere unmittelbare Zukunft so stark wie unsere Emotionen. Sind wir glücklich oder verliebt, schütten wir das Glückshormon Dopamin und das Kuschelhormon Oxytocin aus. Fühlen wir uns gestresst oder sind traurig, bewahrt uns das Stresshormon Cortisol vor einem totalen Zusammenbruch. Aber gleichzeitig schütten wir weniger Serotonin aus, es geht uns nicht gut. Wenn Angst oder Wut in uns hochsteigt, schütten wir Adrenalin und Noradrenalin aus. Auch dann werden die Glückshormone gezügelt, bis wir die Situation erfolgreich überstanden haben.

Wenn wir eine Gehaltserhöhung wollen, der Chef aber gerade erfahren hat, dass seine Frau sich scheiden lassen will, ist das sicher nicht der richtige Zeitpunkt, um etwas zu erreichen. Das gilt aber auch umgekehrt: Wenn wir gerade eine schlechte Nachricht erhalten haben, sind wir nicht in der Verfassung, um etwas zu erreichen.

Den eigenen Zustand zu erkennen und zu beeinflussen ist noch möglich. Den Zustand der anderen einzuschätzen ist schon viel schwerer und vor allem nicht immer beeinflussbar.

In einer Studie haben Wirtschaftspsychologen 1112 Urteile von acht verschiedenen Richtern an zwei israelischen Gerichtshöfen in fünfzig Verhandlungstagen untersucht. Um die Fälle besser vergleichen zu können, ging es immer um die Frage, ob Häftlinge früher auf Bewährung aus dem Gefängnis entlassen werden sollten.

Wir gehen selbstverständlich alle davon aus, dass die Gefühle eines Richters bei der Urteilsfindung keine Rolle spielen. Das Ergebnis der Studie zeigt uns aber leider etwas anderes. Zu Beginn eines Prozesstages wurden 65 % der Anträge positiv entschieden. Im Laufe des Vormittags nahm der prozentuale Anteil der positiven Entscheidungen deutlich ab und kurz vor dem Mittagessen wurden fast alle Anträge abgelehnt. Nach dem Mittagessen wiederholte sich der Verlauf: zuerst viele positive Urteile und mit zunehmender Zeit wieder sehr viele negative Entscheidungen.

Bei der Untersuchung wurde berücksichtigt, ob die Anträge in einer bestimmten Reihenfolge bearbeitet wurden, die diese extremen Unterschiede erklärte. Es ließ sich aber keine Systematik erkennen. Spekulativ ist, welchen Stimmungsverlauf die Richter während der Gerichtstage hatten, aber bei allen stellten sich sicherlich während der Verhandlungen langsam Müdigkeit und Hunger ein und sie entschieden, lieber den Istzustand beizubehalten, als das Risiko einzugehen, eine falsche Entscheidung zu treffen.

Dieses Beispiel zeigt nicht nur, dass es keine Unfehlbarkeit gibt, sondern dass es im Leben häufig auf den richtigen Moment ankommt. Dies gilt nicht nur vor Gericht, sondern auch beim nächsten Bewerbungsgespräch oder beim Termin mit dem Finanzamt. Unsere Gefühle spielen eine große Rolle und wir können das für uns nutzen, indem wir uns vorher Gedanken machen, wann der richtige Zeitpunkt für ein Gespräch ist.

Der Vorteil, die Gefühle in unsere Zielsetzung einzubeziehen, gilt aber nicht nur für den Blick auf unseren Gesprächspartner, sondern auch für uns. Wenn wir es schaffen, die richtigen Gefühle zu spüren, können wir ganz andere Leistungen vollbringen.

Ich möchte dazu ein Beispiel aus dem Golfsport nutzen. Vor einigen Jahren hatte ich die Ehre, zwei Golfer zu coachen und es gibt vermutlich wenige Sportarten, die so sehr vom Kopf abhängig sind wie der perfekte Schlag beim Golf.

Ein Golfer trainiert Tausende Male die Bewegung, um den Ball perfekt zu treffen. Diese Bewegung ist so stark verinnerlicht, dass der Spieler nicht mehr darüber nachdenken muss. Hat der Golfer einen guten Tag, fliegt der Ball genauso wie vorher berechnet. Damit wir uns richtig verstehen, ich spreche von Golfprofis. Ihre Bewegungsabläufe sind aufgrund des umfangreichen Trainings schon fast vergleichbar mit einer Maschine. Falls der Kopf nicht auch eine Rolle spielen würde.

Und der Kopf ist das Entscheidende, nicht nur, ob er konzentriert ist, sondern vor allem, mit welchen Gefühlen der Spieler auf dem Platz steht. Hat er Angst, einen Fehler zu machen, ärgert er sich, weil er gerade in den Bunker geschlagen hat, oder ist er zu euphorisch, weil er vier Birdies hintereinander gespielt hat? Das alles spielt eine Rolle für den nächsten Schlag.

Der Hobbygolfer wird jetzt sagen, das ist halt so. Aber der Profigolfer will so gut wie möglich spielen und dazu muss er seine Gefühle und Emotionen im Griff haben.

Nehmen wir folgende Ausgangssituation:Der Golfer spielt seine Runde. Es läuft ganz gut, er ist zufrieden und seine Schläge landen zuverlässig auf dem Grün. Jetzt verzieht er einen Schlag und der Ball landet im Wald. Auf dem Weg zu seinem Ball ärgert er sich über seinen Fehler, ist wütend auf sich selbst oder vielleicht auch auf die Umstände, die zu dem schlechten Schlag geführt haben.

Wie wird der nächste Schlag mit diesen Gefühlen gelingen? Vermutlich auch nicht gut, schließlich ist der Golfer nicht ausgeglichen, sondern es geht ihm nicht gut. Hier ist es notwendig, dieses Gefühl zu verändern.

Unsere Gefühle und Emotionen entstehen durch unsere Sinneseindrücke. Können wir diese beeinflussen, wird sich auch unser Gefühl verändern. Die Lösung für den Golfer wäre, nach dem kurzen Ärger über den misslungenen Schlag an ein positives Ereignis zu denken. Da dies in diesem Moment nicht so einfach ist, verankert man einen solchen Moment schon vorher mithilfe der Hypnose.

Der Golfspieler denkt unter Hypnose an einen besonderen Moment in seiner Karriere. Vielleicht als er ein Turnier gewonnen oder einen besonders schweren Schlag ins Ziel gebracht hat. Dieser Moment löst Glücksgefühle aus und löst die schlechten Gefühle aus dem vorangegangenen Schlag ab. Dieser Anker kann visuell als Bild im Kopf, kinästhetisch als Glücksbringer in der Hosentasche oder auditiv als ein Wort existieren, um sich an diesen besonderen Moment zurückzuerinnern. Auch olfaktorisch mit einem speziellen Duft oder gustatorisch mit einem Kaugummi oder Bonbon wäre der Anker möglich.

Selbstverständlich ist der Golfspieler nur ein Beispiel. Solch einen Anker können wir auch nutzen, um uns zu trauen, eine Frau anzusprechen, um auf die Bühne zu gehen oder einem Streit aus dem Weg zu gehen.

Die meisten Streitigkeiten beginnen mit völlig belanglosen Dingen und schaukeln sich hoch, bis beide Seiten keinen Ausweg mehr finden. Man wirft sich Dinge an den Kopf, die man später bereut, und sich fragt, wie es nur so weit kommen konnte. Es waren unsere Emotionen, die gerade unsere Zukunft vernichtet haben.

Um zu vermeiden, dass ein Streit eskaliert, ist es gut, wenn du schon im Vorfeld einen Ausweg planst. Dieser kann gemeinsam als Paar festgelegt werden, du kannst aber auch für dich selbst einen Anker legen, um auf die Bremse zu steigen.

Wenn es für das Ausrasten einen Auslöser gibt, ist es logisch, dass es auch für das Beruhigen einen Auslöser (Anker) geben kann. Dieser kann, wie schon beim Golfsportler, mit jedem unserer Sinne genutzt werden.

Eine schöne Lösung für Paare wäre eine Wetterkerze. Früher nutzte man sie, um bei einem Unwetter Schäden von Haus und Hof abzuwenden. Diesen Aberglauben haben wir heute hoffentlich überwunden, aber die Kerze hat eine neue Bedeutung bekommen: das Unwetter zwischen Mann und Frau.

Es kracht ordentlich und jeder haut noch mal drauf – wo das endet, weiß jeder. Damit das nicht passiert, sagt einer der beiden: »Lass uns unsere Wetterkerze anzünden.« Sie ist der Anker, um sich zu beruhigen, die Emotionen herauszunehmen und vernünftig miteinander zu sprechen. Sofern es nur um Kleinigkeiten geht, wird diese Lösung sehr sicher funktionieren, weil allein der Vorgang, eine Wetterkerze anzuzünden, absurd komisch ist und beiden Seiten klar wird, dass ohne negative Emotionen das Problem nur noch halb so groß ist.

Damit dir die Umsetzung leichter fällt, gebe ich dir ein Beispiel aus dem Business: Der Chef fordert dich auf, der versammelten Belegschaft zu erklären, wie wir die Einsparungen schaffen. Natürlich unvorbereitet. Adrenalin schießt in deinen Körper, deine Emotion ist die pure Angst zu versagen. Was jetzt? Flüchten? Sieht vermutlich nicht so gut aus. Totstellen? Wahrscheinlich auch eine wenig praktikable Lösung.

Die Lösung wäre – wie beim Golfspieler – ein Anker, um die Emotion in den Griff zu bekommen, sich zu sammeln und bestmöglich abzuliefern. Bei Politikern hört man immer wieder die gleichen Floskeln. Sie gewinnen damit Zeit, um sich zu sammeln und dann richtig zu antworten. Wichtig ist, dass wir uns vorher damit beschäftigen. Der Anker muss sitzen, ehe wir ihn benötigen.

**AUFGABE**

Um aktiv auf die individuellen Emotionen reagieren zu können, ist der erste Schritt, sich den eigenen emotionalen Zustand bewusst zu machen.

Überprüfe dich jeden Tag mehrfach, wie du dich im Moment fühlst, was gerade deine Emotionen beeinflusst. Wenn du jetzt in einer negativen Emotion gefangen bist, frage dich, was du tun musst, um das zu ändern.

Die Aufgabe ist sehr wichtig! Wenn du lernst, dich von den kleinen negativen Emotionen zu befreien, wird es zu einem normalen Prozess. Wenn du dann vor einem großen Problem stehst, wirst du unbewusst vollkommen richtig reagieren. Ohne Übung ist das aber nicht möglich. Daher ist meine Empfehlung, jeden negativen Moment zu nutzen, um an dir zu arbeiten.

**Für die eigene emotionale Kontrolle ist unsere Selbstwahrnehmung wichtig, für die emotionale Kontrolle von anderen unsere Empathie.**

Du kannst die Emotionen anderer beeinflussen, indem du empathisch mit ihnen umgehst, also dich in ihre Emotionen einfühlst und diese teilst. Ihr könnt gemeinsam weinen oder fluchen. Beides kann befreien und hilft dem anderen, wieder in die Spur zu kommen. Eine weitere Möglichkeit ist das Ablenken. Wenn der andere innerlich kocht und man ihn in den Arm nimmt oder einen Scherz macht, gibt es zwei Möglichkeiten: Entweder man liegt am Boden, weil es knallt, oder man lacht über die eigene Wut. Hier den richtigen Ton zu treffen, ist entscheidend für den Ausgang.

Aber aufgepasst, du musst nicht immer einfühlsam sein, deine Interessen zurückstellen, Verständnis für alles haben, immer für andere da sein oder immer hilfsbereit sein. DAS ALLES MUSST DU NICHT!

Natürlich ist es gut, wenn du für andere da bist. Aber in erster Linie geht es um dich und erst wenn es dir gut geht, dann ist es Zeit, für andere da zu sein. Aber keinesfalls, um nur besser dazustehen oder besser zu kommunizieren. Zukünftig sollst du bestimmen, wann du wie agierst. Du bestimmst, wann du bereit bist, einfühlsam zu sein.

**WICHTIG:**
Es gibt eine Ausnahme: unsere Kinder. Als Erwachsene sind wir Kindern geistig überlegen. Daher müssen wir mit ihnen ganz anders umgehen und Rücksicht nehmen.

Wir sprechen bei Kindern immer davon, zu erziehen. Doch für mich ist der bessere Weg, vorzuleben und zu unterstützen. Damit geben wir mehr als mit erzieherischen Regeln.

## Der kleine Unterschied

Der Psychologe John B. Watson behauptete 1930, dass es zwischen Mann und Frau keinen Unterschied gebe. Er meinte, unser Gehirn funktioniere wie eine Blackbox: Abhängig davon, was man vorn hineingibt, kommt hinten das Entsprechende wieder heraus. Also ein Reiz-Reaktions-Schema und keinerlei angeborene Verhaltensweisen.

Er behauptete weiter, dass er durch ein gezieltes Verändern der Umweltreize das Verhalten von Jungs und Mädchen gegenüber dem anderen Geschlecht ändern könne. Genauso könne er aus jedem Menschen einen Verbrecher oder ein Genie machen. Entscheidend sei nur, mit welchen Informationen er die Kinder konditioniere.

Diese Denkweise spiegelt sich bis heute in den Lernmethoden unserer Schulen wider. Wir unterscheiden nicht zwischen Mädchen und Jungs, obwohl wir mittlerweile wissen, dass es große Unterschiede gibt – und ich meine damit nicht angelernte, sondern angeborene Merkmale. Dieses Wissen ist wichtig, um uns selbst zu verstehen, aber auch im Umgang mit dem anderen Geschlecht.

Frauen können hohe Töne besser wahrnehmen als Männer. Dagegen haben Männer ein besseres räumliches Hören. Beides entwicklungsgeschichtlich sehr leicht zu erklären. Frauen mussten sich um die schrill schreienden Kinder kümmern, während Männer im Wald durch Hören feststellen mussten, aus welcher Richtung Gefahr drohte.

Jetzt könnte man meinen, eine nette, aber unwichtige Information. So ist es aber nicht. Wenn in der Nacht das Baby schreit, die Mama senkrecht im Bett steht und der Papa seelenruhig weiterschläft, gibt es hierfür einen Grund. Als Frau solltest du nicht böse sein, wenn dein Mann das Schreien eures Kindes nicht so wahrnimmt wie du. Du weißt jetzt, dass es einen Grund gibt.

Ein weiterer Streitpunkt ist oftmals die Lautstärke des Fernsehers. Ein Fußballspiel mit schrillen Fangesängen ist für Frauen nur schwer zu ertragen. Als Mann solltest du wissen, dass deine Frau diese Töne lauter hört, und es nicht als Angriff ansehen, wenn sie dich bittet, den Fernseher leiser zu stellen.

Ein weiterer Unterschied, dass Frauen besser multitaskingfähig seien als Männer, ist mittlerweile widerlegt. Es wurde jedoch bewiesen, dass bei beiden Geschlechtern die Geschwindigkeit und die Genauigkeit abnimmt, sobald sie mehrere Dinge gleichzeitig erledigen. Der spannende Punkt dabei ist: Frauen interessiert das nicht. Sie ignorieren die Tatsache. Vermutlich haben sie aufgrund der großen Anzahl an Herausforderungen als Ehefrau und Mutter gelernt, viele Dinge gleichzeitig zu jonglieren, auch wenn das Ergebnis darunter leidet.

Dies spiegelt auch die unterschiedliche Kommunikation der beiden Geschlechter. Frauen nehmen viel mehr aus ihrer Umwelt auf. Sie sehen deutlich mehr Details und ebenso umfangreich erzählen sie. Männer dagegen konzentrieren sich lieber auf ein Thema und schauen dabei nicht nach links oder rechts. Es ist für sie verschwendete Energie und sie kommen lieber auf den Punkt. Frauen nutzen lieber offene Fragen, schließlich kann man die wunderbar mit Details schmücken. Der Mann dagegen liebt die einfache geschlossene Frage. Ja oder Nein, mehr Informationen benötigt er nicht.

**DIE WAHRHEIT**

Eine Frau erzählt nicht, dass die Kollegin Helga aus der Buchhaltung von Theo aus dem Lager schwanger ist.

Sie erzählt: Weißt du, die Blonde mit den immer viel zu kurzen Röcken, die letztens einen Fehler bei der Bestellung für die Firma Huber gemacht hat und dadurch unser Chef zum alten Huber fahren musste. Und das, obwohl sein Wagen ja gerade in der Werkstatt war. Du kennst doch die Werkstatt, wo auch wir immer sind. Aber zurück zum Thema. Die Helga, also die kleine Blonde, hat anscheinend mit jemandem aus dem Lager ein Verhältnis. Er ist aber auch wirklich ein netter Kerl, der grüßt in der Früh schon immer so freundlich ... Und so weiter und so fort.

Die Frau kommt nicht zum Punkt, während und ein Mann nicht mal von dem Ergebnis, also der Schwangerschaft, erzählen würde, weil es für ihn keine relevante Information ist.

Dieses Wissen ist für eine emotional intelligente Kommunikation sehr wichtig. Wenn wir wissen, wie der andere tickt, können wir entsprechend handeln. Bei einem Mann punktest du eher mit Zahlen, Daten und Fakten. Bei Frauen empfehle ich, Gefühle einzubinden. Eine Frau interessiert sich nicht für PS, aber die Farbe des Autos ist entscheidend für den Kauf.

Damit wir uns richtig verstehen, ich habe jetzt das Extrem beschrieben. Selbstverständlich gibt es auch Frauen, die etwas männlicher ticken, und auch Männer, die ihre weibliche Seite kaum verheimlichen können. Aber genau das ist deine Aufgabe: auf diese kleinen Details zu achten und sie als deine Spielwiese zu sehen, wie man mit dem oder der anderen umgeht.

## Gender

Ich hatte zu Beginn dieses Buches geschrieben, dass ich nicht gendern werde und ich diese Entscheidung gern erklären möchte.

Aus meiner Sicht ändert sich am Status der Frau nichts, wenn ich meine Gäste zukünftig als Gästinnen begrüße. Auch wenn Worte ein starkes Ausdrucksmittel sind, kommt es nicht auf das Wort, sondern auf meine Einstellung an. Wenn ich Frauen nicht wertschätzen würde, würde die Begrüßung als Gästinnen auch nichts daran ändern.

***Wir müssen in unserer Gesellschaft also nicht unsere Worte, sondern die Wertschätzung für Frauen verändern. Das erreichen wir aber nicht mit Gleichbehandlung, schließlich sind Männer und Frauen nicht gleich. Beide haben ihre Vorzüge und auch Nachteile. Es kann nicht unser Ziel sein, dass Handwerker und Assistenten zukünftig 50 % Männer und 50 % Frauen sind. Das würde nicht ihren Talenten entsprechen. Viel wichtiger wäre es, die entsprechenden Talente zu nutzen. Frauen kommunizieren einfühlsamer, sind empathischer und haben einen größeren Weitblick. Männer geben dagegen klare Ansagen und laufen ohne Umschweife direkt zum Ziel. Beides kann wichtig sein, man muss nur wissen, was man benötigt. Wo wäre der Vorteil, wenn sich eine Frau verstellt und so wie ein Mann agiert? Sie muss ihre eigenen Waffen nutzen, etwa die bessere Kommunikationsfähigkeit.***

Damit ich nicht missverstanden werde: Auch wenn ich nichts von Gleichbehandlung halte, halte ich sehr viel von Gleichberechtigung. Gleiche Chancen und gleiche Bezahlung muss selbstverständlich sein. Dass der Weg, den wir gehen, richtig ist, zeigt auch die Anzahl der Studierenden in Deutschland. Bis vor zehn Jahren lag der Anteil der Frauen immer ungefähr bei 47 %, mittlerweile liegt er bei 50,5 %, was ich sehr begrüße. Allerdings sollten wir unabhängig von einem Studium unseren männlichen Nachwuchs nicht ganz vergessen. Viele Förderprogramme in Unternehmen sind mittlerweile speziell auf Frauen ausgelegt, um weibliche Führungskräfte zu gewinnen. Aber wäre es nicht besser, die besten Kandidaten und Kandidatinnen zu fördern? Unternehmen erzielen keine Gewinne durch ein ausgewogenes Geschlechterverhältnis, sondern durch Leistung. Dabei ist es vollkommen egal, ob das Unternehmen mehr Frauen oder mehr Männer in der Führung hat.

Bevor du mit dem nächsten Kapitel startest, solltest du gelernt haben, wie du funktionierst. Du solltest andere beobachtet und eingeschätzt haben. Du solltest deine Emotionen erkennen und beeinflussen können sowie die Emotionen anderer Menschen erkennen.

Arbeite täglich bewusst an diesen Skills, dann wird es dir zukünftig leichter fallen, dein Umfeld zu steuern, wie du es für richtig hältst. Du musst ins Umsetzen kommen, wenn du etwas in deinem Leben verändern möchtest!

# TEIL 4

## BEZIEHUNGS-MANAGEMENT

Der Schlüssel, um all das, was wir anstreben und uns wünschen, zu erhalten, liegt in unserer Kommunikation. In der vierten Phase geht es um unser Beziehungsmanagement und die Grundlagen für erfolgreiche Kommunikation.

»Worte sind die mächtigste Droge, welche die Menschheit benutzt.«

Rudyard Kipling (1865–1936), Autor von »Das Dschungelbuch«

# DIE SPRACHE & HÄUFIGE FEHLER

Die menschliche Sprache ist ein mächtiges Werkzeug, das uns ermöglicht, komplexe Ideen und Gefühle auszudrücken, Wissen weiterzugeben und Beziehungen zu knüpfen.

Unsere Sprache ist gleichzeitig eine große Chance und Waffe, mit der man große Schäden anrichten kann.

Wir erzeugen, während wir ausatmen, unterschiedliche Töne, die wiederum beim Zuhörer über das Ohr aufgenommen und verarbeitet werden. Über Schallwellen wird also ein Gedanke übertragen, der zu neuen Gedanken anregt. Wichtig dabei ist, dass der Zuhörer die Schallwellen auch versteht, schließlich gibt es nicht die eine Sprache, sondern rund 7000 verschiedene Sprachen auf der Welt.

Yuval Noah Harari beschreibt es in seinem Bestseller »Eine kurze Geschichte der Menschheit«: Der Unterschied zwischen Mensch und Tier ist nicht die Sprache, schließlich können sich auch Tiere mit Lauten verständigen, aber wir können komplexe Inhalte weitergeben.

Ein Löwenrudel kann gemeinsam auf die Jagen gehen und dabei zusammenarbeiten. Das wäre ohne Kommunikation untereinander nicht möglich. Wir Menschen können zusätzlich planen und festlegen, wann, wo und was wir jagen möchten. Unsere Sprache ermöglicht uns einen detaillierteren und vielschichtigen Austausch. Dies kann uns nutzen, aber manchmal schadet uns dieser Vorteil auch. Es wird etwas anderes verstanden, als wir mitteilen möchten, und schon führt das zu Missverständnissen.

Um zu verstehen, wie Sprache missverstanden werden kann, empfehle ich, Videos von Loriot (Bernhard-Viktor Christoph-Carl von Bülow 1923–2011) auf YouTube anzusehen. Er war ein Großmeister unserer Sprache und hat sie bis in den letzten Buchstaben seziert.

Beim ersten Betrachten kann man sich noch amüsieren. Ich empfehle aber einen zweiten Blick, um zu verstehen, was er uns damit sagen möchte. Im Anschluss kommt dann der Blick in den Spiegel: Wie oft drücken wir uns falsch und missverständlich aus und wie oft verstehen wir etwas anderes, als der Sender uns mitteilen möchte?

Auch wenn diese Aufgabe so klingt, als könnte man sie leicht überspringen – schließlich wissen wir, dass es oft zu Missverständnissen kommt –, solltest du sie unbedingt machen. Es geht dabei nicht nur um dich, sondern auch darum, nachsichtiger mit anderen zu werden. Schließlich passieren uns allen die gleichen Fehler.

Unsere Sprache begann vor etwa 500.000 Jahren sicher ähnlich einfach wie die der Tiere, aber durch unser bewusstes Denken wurde es möglich, Zusammenhänge sprachlich zu erklären. Heute sind wir an einem Punkt angekommen, dass nicht nur das Wort eine Rolle spielt, sondern auch der Kontext.

Man bezeichnet solche Begriffe als Januswörter:

Du kannst mit deinem Auto ein Hindernis umfahren, also daran vorbeifahren. Du kannst das Hindernis auch einfach umfahren, also es überfahren. Eine Bescherung kann etwas Tolles an Weihnachten sein, aber auch etwas nicht so Schönes, wenn es die Hinterlassenschaften des Hundes sind. Und zurücktreten kann schmerzhaft sein oder der Rückzug einer Person.

Wir können diese Begriffe nicht verstehen, wenn wir den Zusammenhang nicht verstehen würden.

Wenn du verstanden werden möchtest, kommuniziere einfach und klar. Im Vertrieb sagten wir immer: Eine Information sollte immer kind- und vorstandsgerecht sein. Ein Kind hat noch nicht das komplexe Wissen, um alles zu verstehen, und ein Vorstand hat nicht die Zeit, sich mit unwichtigen Informationen zu beschäftigen.

Albert Einstein hat dazu gesagt: »Wenn du es einem Sechsjährigen nicht erklären kannst, dann hast du es selbst nicht verstanden.«

Wenn wir über Sprache oder Rhetorik, also über die Kunst der Rede, sprechen, glauben wir gern, dass das, was und wie wir es sagen, entscheidend ist. Aber Sprache ist nicht einseitig. Es geht nicht immer nur um den Sprecher, sondern genauso um den Zuhörer. Selbstverständlich sind wir beides und wenn ich lerne, genauer zuzuhören, werde ich automatisch auch bessere Antworten geben.

Wenn noch nicht geschehen, sollte dir nun ein Licht aufgehen, warum es in dem Buch vor allem darum geht, wie wir funktionieren und wie wir andere lesen und besser verstehen können. Eine erfolgreiche Kommunikation ist nicht nur von dir abhängig, sondern auch von deinem Gegenüber und das wird gern unterschätzt.

Gute Kommunikation ist nicht unbedingt perfekte Rhetorik, sondern hängt extrem viel mit den Wünschen unseres Gegenübers zusammen.

Im Vertrieb gibt es zwei Möglichkeiten, um ein Produkt zu verkaufen. Bei der ersten ist ein Produkt so gut, dass es jeder haben muss und man sich überhaupt nicht dagegen entscheiden kann.

Ist dir schon ein Produkt eingefallen? Vermutlich nicht – das Produkt, das acht Milliarden Menschen benötigen, gibt es nicht. Also gibt es auch nur eine Möglichkeit im Vertrieb: Ich muss die Wünsche meiner Zielgruppe kennen. Ich muss verstehen, welchen Nutzen mein potenzieller Käufer hat. Hat er keinen Nutzen, wird er nicht kaufen.

Falls du dich jetzt fragen solltest, was Vertrieb mit Kommunikation zu tun hat: Jede Kommunikation hat ein Ziel. Das fängt im Beziehungsmanagement an und geht bis zur Manipulation. Somit ist auch jede Art von Kommunikation ein Verkaufsgespräch – du möchtest am Ende dein Ziel erreichen.

Bevor wir versuchen, einen Grünen davon zu überzeugen, dass ein Weg mit Verboten der falsche ist, sollten wir überlegen, was er eigentlich erreichen möchte. Ist das Ziel der Grünen, das ganze Land mit Verbotsschildern zuzupflastern? Oder ist ihr Ziel, die Umwelt zu schonen und in den Mittelpunkt zu stellen? Eigentlich sollte klar sein, was das Ziel ist. Trotzdem werden die Grünen in öffentlichen Diskussionen immer für ihre Verbotspolitik angegriffen. Aus Sicht der eigenen Wähler ist das ein sehr guter Weg, schließlich wollen diese genau das hören. Nur führt das nie zu einer politischen Lösung, schließlich ist es exakt das, was die Grünen-Wähler glauben: Ohne Verbote wird es nicht besser. Es ist eine Zwickmühle, um die Position in den eigenen Reihen zu stärken.

Wenn wir ein Ziel erreichen möchten, benötigen wir zielgerichtete Antworten, die so aussehen könnten:

»Möchtet ihr den Verbrenner verbieten oder möchtet ihr, dass keine Verbrenner mehr auf unseren Straßen fahren?«

»Wäre es nicht viel besser, wenn wir die Bevölkerung nicht mit Verboten drangsalieren, sondern wenn sie es versteht und freiwillig mitmacht?«

»Wäre der Umwelt nicht mehr geholfen, wenn wir auf sie achten, anstatt ein ‚BETRETEN VERBOTEN'-Schild auf den Rasen zu stellen?«

Wenn wir verstehen, welches Ziel den anderen antreibt, können wir besser argumentieren. Genau das ist unser Ansatz in diesem Kapitel. Wir möchten nicht die Rhetorik nutzen, um klüger zu sprechen, sondern wir wollen alle Aspekte der Kommunikation nutzen, um erfolgreicher zu kommunizieren.

Der Kommunikationswissenschaftler Paul Watzlawick sagte: »Man kann nicht nicht kommunizieren!«

Es ist einfach unmöglich, nicht in irgendeiner Form eine Botschaft zu senden. Das kann unser Blick sein, unsere Mimik, unsere Körperhaltung, die Gestik, eine Berührung, unsere Optik, und auch, wenn wir auf eine Nachricht nicht reagieren, ist das eine Information für den anderen.

## Das Vier-Seiten-Modell

Friedemann Schulz von Thun hat 1981 das Vier-Seiten-Modell in seinem dreiteiligen Werk »Miteinander reden« veröffentlicht. Es ist die Grundlage menschlicher Kommunikationspsychologie und zeigt uns, wie leicht unsere Kommunikation zu Missverständnissen führen kann, wenn wir sie nicht beachten.

Die Grundlage ist: Es gibt einen Sender, einen Empfänger und dazwischen gibt es eine Botschaft. Nach Schulz von Thun können vier unterschiedliche Annahmen gesendet und empfangen werden. Er bezeichnet dies als die vier Seiten einer Nachricht:

- Bei der **Sachinformation** geht es um Zahlen, Daten und Fakten. Die Information kann wahr oder unwahr oder für den Empfänger relevant oder irrelevant sein. Es ist nur eine sachliche Information.
- Bei der **Selbstkundgabe** geben wir immer einen Teil von unserer Persönlichkeit mit. Das können unsere Gefühle und Bedürfnisse, aber auch Werte sein. Bei Personen, die wir schon länger kennen, wissen wir um deren Werte und somit sind diese in jeder Botschaft präsent.
- Auf der **Beziehungsebene** vermitteln wir das Verhältnis zu unserem Gesprächspartner. Sind wir fordernd und von oben herab oder eher wertschätzend und bittend? Dies ist nicht nur durch die Formulierung, sondern vor allem auch durch den Tonfall, die Mimik oder die Gestik zu spüren. Nicht umsonst sagt man »Der Ton macht die Musik«.

- Der **Appell** ist das, was wir mit unserer Aussage erreichen möchten, also die Zielsetzung einer Äußerung. Dies kann offen mit einer Aufforderung passieren: »Bring den Müll runter« oder versteckt: »Der Müll ist voll«.

Getrennt voneinander betrachtet, wird jeder zustimmen. Selbstverständlich gibt es Botschaften, mit denen wir informieren (Sachkundgabe), in denen wir uns selbst öffnen (Selbstkundgabe), mit denen wir dem anderen mitteilen, wie wir zu ihm stehen (Beziehungsebene), und auch, was wir von dem anderen erwarten (Appell). Das Besondere Schulz von Thuns Entdeckung ist, dass alle vier Seiten in jeder Nachricht vorkommen. Dies gilt für den Sender wie für den Empfänger und das macht unsere Kommunikation so kompliziert.

Ich möchte ein Beispiel aus einem Comic von Loriot nutzen. Sieh dir dazu gern den Sketch »Loriot – Das Frühstücksei (Das Ei ist hart)« auf YouTube an.

Bevor du weiterliest, solltest du dir zu folgenden Aussagen Gedanken machen:

1. Was sagt Hermann mit dem Satz »Das Ei ist hart« auf den verschiedenen Ebenen aus?

2. Was sagt Berta mit dem Satz »Zu viele Eier sind ungesund« auf den verschiedenen Ebenen aus?

**Hermann: Das Ei ist hart**

**Sachinformation:** Das Ei ist nicht weich.
**Selbstkundgabe:** Ich bin unzufrieden, ich mag keine harten Eier.
**Beziehungsebene:** Du schaffst es nicht, mich zufriedenzustellen.
**Appell:** Koche das Ei richtig.

**Berta: Zu viele Eier sind ungesund**

**Sachinformation:** Zu viele Eier sind nicht gesund.
**Selbstkundgabe:** Ich will keine Eier kochen.
**Beziehungsebene:** Ich bin doch nicht für deine Eier verantwortlich.
**Appell:** Du sollst nicht zu viele Eier essen.

Das Vier-Seiten-Modell zu verstehen und anzuwenden, ist sehr einfach, sofern du bereit bist, aktiv immer wieder Situationen zu analysieren. Ich möchte dir ein einige typische Beispiele mitgeben:

**Kommunikation zwischen Partnern:**
Die Ampel zeigt Grün.
Der Müll ist voll.
Wir könnten mal wieder ... (ausgehen, ins Kino gehen usw.)

**Kommunikation im Business:**
Wir benötigen einen neuen Ansatz.
Jemand muss eine Analyse machen.
Wir müssten mal ...

**Kommunikation Eltern – Kind:**
Warum können die anderen Kinder die Aufgabe?
Vs. Die anderen konnten die Aufgabe auch nicht.
So etwas hätte ich auch sooooo gern.

Das sind alles nur sehr einfache Beispiele und wenn du aufmerksam durch den Tag gehst, wird dir auffallen, dass wir ständig Nachrichten hören, die wir anders interpretieren können, als vom Sender beabsichtigt. Das gilt ebenso für uns: Auch die eigenen Informationen werden häufig nicht so verstanden, wie wir es gern hätten. Daher ist es wichtig, an unserer Kommunikation zu arbeiten.

## Rhetorik – Die Kunst der Rede

Schon im antiken Griechenland wurde eine gute Rede als große Kunst empfunden. Das Ziel der Rede war und ist es, den Zuhörer zu überzeugen oder zu einer bestimmten Handlung zu bewegen.

**Aristoteles** betrachtete die Kunst der Rede aus wissenschaftlicher Sicht und schuf eine Systematik, die sicher zum Ziel führen sollte. Er teilte die Rede in drei Formen der Überzeugung, um ein besseres Ergebnis zu erhalten:

**Ethos:** Wie schaffe ich eine hohe Glaubwürdigkeit?

**Pathos:** Welchen emotionalen Zustand hat mein Zuhörer?

**Logos:** Welche Argumente benötige ich, um zu überzeugen?

Die Parallele zu meiner Form der emotional intelligenten Kommunikation ist leicht zu erkennen. Ich muss Vertrauen aufbauen, muss wissen, wie es dem anderen geht, welche Wünsche und Absichten er hat und am Ende benötige ich Argumente, um zu überzeugen.

Weiter kritisierte Aristoteles seine Zeitgenossen für die Erzeugung von Emotionen, die nicht der Sache dienlich sind. Ich bezeichne das als »das Geschäft mit der Angst«. Er meinte, dass dadurch die Sache nicht mehr objektiv beurteilt werden kann. Die Beschreibung einer Sache über Metaphern hielt er dagegen für besonders wichtig, weil sich dadurch schwere Zusammenhänge leicht erklären und auch bildlich darstellen lassen.

Das Geschäft mit der Angst ist ein großes Problem unserer Gesellschaft. Angst ist eine unserer stärksten Emotionen und wir können sie nicht einfach ausblenden, wenn wir etwas neutral betrachten möchten.

In der Politik wird die Angst am linken wie am rechten Rand genutzt, um Stimmung gegen die Regierung zu machen. Das ist einfach: Wenn ich über Armut, Stromausfälle, kalte Wohnungen, böse Ausländer und vieles mehr spreche, erzeugt dies in der Bevölkerung Angst. Schon wird die Sachlage nicht mehr objektiv beurteilt.

Die Medien nutzen sie auf die gleiche Art und Weise. Besonders die Schlagzeile in der Bild-Zeitung war früher dafür bekannt. Noch schlimmer sind in der heutigen Zeit die Clickbait-Artikel im Internet. Mit einer Schlagzeile werden die User zum Klicken animiert, damit die Anbieter Werbeeinnahmen generieren. Für diese Klicks ist jedes Mittel recht und da viele Social Media User nur noch Überschriften lesen, werden die Tatsachen verfälscht.

Hier einige negative Beispiele:
Die Pharmaindustrie möchte dich krank halten.
Arzt enthüllt: So attackieren sie unser Gehirn.
Der Krieg steht vor unserer Tür.

Diese Nachrichten machen uns Angst und genau das ist ihre Absicht. Meine Empfehlung: Mach einen großen Bogen darum. Wer es nötig hat, seine Information in einer beängstigenden Schlagzeile zu verpacken, hat nichts Wichtiges zu sagen.

Die heutige Sicht auf die Rhetorik sehe ich deutlich kritischer. Es geht selten um das Ziel der Überzeugung, sondern viel mehr um die Redegewandtheit einer Person. Leider bleiben dabei Möglichkeiten unserer Sprache auf der Strecke, die wir nutzen können, um eine Beziehung aufzubauen. Wir stehen nicht mehr wie im antiken Griechenland oder im alten Rom auf dem Marktplatz und müssen das Volk von etwas überzeugen, sondern wir müssen unser Gegenüber, ein kleines Team oder die Familie für eine Idee begeistern.

Zu den Fehlern der Rhetorik zählen unter anderem passive Formulierungen, Weichmacher und Füllwörter. Das sind alles Dinge, die für eine klare und aussagekräftige Kommunikation nicht hilfreich sind. Wenn wir unserem Team sagen: »Vielleicht sollten wir mal wieder unsere Kunden besuchen«, passiert natürlich aufgrund des Weichmachers nichts. Hier müssen wir für Klarheit sorgen: »Ich möchte von jedem von euch mindestens zwei Kundenbesuche am Tag sehen.« Einer klaren Aussage und einer klaren Erwartungshaltung wird eine Handlung folgen.

Wenn wir das Szenario aus der Sichtweise eines »Underperformers« betrachten, wird leider wieder nichts passieren. Hier müssen wir neues Vertrauen zu uns und Selbstvertrauen aufbauen. Klare Ansagen bringen uns nicht weiter, hier benötigen wir Fingerspitzengefühl und das erreichen wir mit Weichmachern: »In letzter Zeit lief es bei dir nicht so gut, vielleicht möchtest du mir erzählen, was dich bremst«, »Wir sollten möglicherweise gemeinsam deinen Kundenplan analysieren, dann können wir sehen, wie wir ein bisschen mehr rausholen können«, »Ich muss eigentlich von dir das Gleiche wie von den anderen erwarten, aber ich sehe natürlich deine derzeitigen Probleme«.

Wir haben die gleiche Zielsetzung, das Team muss erfolgreicher werden. Aber wir benötigen unterschiedliche Herangehensweisen und nicht immer hilft uns dabei die klare und unmissverständliche Rhetorik.

Empfindest du die Rhetorik auf südländischen Märkten in gebrochenem Deutsch gut?

Klar, die Händler können kein grammatikalisch korrektes Deutsch und auch der Wortschatz ist eingeschränkt. Ihr Ziel ist aber nicht die Sprache, sondern der Verkauf ihrer Souvenirs und das funktioniert in der Regel gut bis sehr gut, ansonsten könnten sie nicht davon leben.

Sie kommunizieren erfolgreich, weil sie eine Beziehung aufbauen können, indem sie zumindest versuchen, unsere Sprache zu sprechen, häufig auch weitere Sprachen. Sie sehen an der Körpersprache, welche Touristen kaufwillig sind, also in der emotional richtigen Stimmung, und sie wissen, mit welchen Argumenten sie diese vom Kauf überzeugen.

Aus dieser Sicht sind Souvenirverkäufer sehr gute Rhetoriker, schließlich erreichen sie ihr Ziel, das Gegenüber zu einer Handlung, dem Kauf, zu bewegen.

Achte im nächsten Urlaub darauf, wie diese Händler ihr Umfeld beobachten und wen sie ansprechen. Man lernt dabei von Profis.

## Die Rede

In vielen Jobs muss man immer wieder vor Gruppen sprechen und da ist die Rhetorik, also die Kunst der Rede, sehr wichtig. Auch wenn ich vor einer größeren Gruppe spreche, kann ich meine emotional intelligente Kommunikation für den Erfolg der Rede nutzen.

Ich habe sieben einfache, aber entscheidende Tipps für einen guten Vortrag.

**1. Wer sind die Zuhörer?**
Bevor du mit deinem Vortrag beginnst, solltest du wissen, wer dir gegenübersitzt und in welcher Stimmung die Gruppe ist. Es ist wie in einem Einzelgespräch: Je mehr du weißt, wer der andere ist und wie er sich fühlt, umso passender und damit erfolgreicher kannst du kommunizieren.

Welchen Bildungsgrad hat die Gruppe? Wie sehr ist sie in meinem Thema? Versteht sie meine Fachbegriffe? Sind es ausschließlich Frauen oder Männer und sind es Führungskräfte oder Mitarbeiter? Je besser du dich der Gruppe anpasst, umso leichter wirst du dein Ziel erreichen.

Auch die Dynamik in der Gruppe ist wichtig: Kennen sich deine Gäste, weil es sich um ein Unternehmen oder eine Abteilung handelt, oder sprichst du vor vielen Einzelpersonen auf einem Kongress?
In welchem Zustand befindet sich die Gruppe? Bist du der erste Redner und alle sind hellwach? Oder ist es deine Aufgabe, sie nach dem Mittagessen aus dem Suppenkoma zu holen?

Ein guter Speaker wird vor jeder Gruppe funktionieren. Das liegt aber nicht immer an seinem Vortrag, sondern daran, dass er weiß, wen er vor sich hat und sich dementsprechend anpasst.

**2. Authentisch sein**

Klingt sehr einfach, ist aber gerade zu Beginn richtig schwer. Natürlich möchten wir immer unsere beste Seite zeigen und beobachten dafür, wie es andere machen. Wir versuchen, ebenfalls gut zu performen und vergessen dabei, wer wir wirklich sind.

Dies ist ein normales Verhalten, schließlich lernen wir von klein auf durch Beobachten und Nachmachen. Die wirklich guten Speaker sind diejenigen, die absolut authentisch sind und denen wir jedes Wort und jede Geste zu 100 % abnehmen.

Der erste Schritt ist, die Inhalte zu verinnerlichen: Wenn du kompetent bist in dem, was du sagst, fällt es dir deutlich leichter, authentisch zu sein. Der zweite Schritt ist, den Inhalt zu sprechen, nicht zu schreiben. Schriftdeutsch klingt gesprochen immer etwas hölzern. Der dritte Schritt ist, sich nicht zu verbiegen. Wenn du die ersten Male vor einer größeren Gruppe sprichst, ist es wichtig, so gut wie möglich du selbst zu bleiben. Hierfür kann ein geplanter Einstieg helfen.

**3. Bilder erzeugen**

Möchtest du, dass dein Vortrag verstanden und umgesetzt wird, solltest du dein Publikum auf eine Gedankenreise mitnehmen. Je bildhafter du deine Themen erklärst, desto nachhaltiger werden deine Inhalte sein. Worte sind etwas Abstraktes, Bilder dagegen regen unsere Fantasie an.

**4. Direkte Ansprache**

Ein Monolog ohne Bezug zum Publikum ist wie Wissen ohne Nutzen. Deine Zuhörer müssen wissen, dass du genau sie ansprichst. Denk dabei an das Thema Beziehung aufbauen.

Ich habe das viele Jahre gemacht, indem ich meine Shows mitten im Publikum gestartet habe. Der Grund ist ganz einfach: Ich habe eine ganz andere Nähe, als wenn ich exponiert auf der Bühne stehe. Zur Begrüßung habe ich einzelnen die Hände geschüttelt und einen Dialog begonnen. Dadurch war ich nicht hinter der vierten Wand, die offene Seite einer Bühne, sondern Teil der Gemeinschaft, die vor der Bühne sitzt.

**5. Kurz und einfach**

Jede Information sollte kind- und vorstandsgerecht sein. Sehr ausschweifende Inhalte werden nicht aufgenommen, sondern höchstens wahrgenommen. Das Publikum konsumiert, wird aber nicht ins Umsetzen kommen, weil unser Gehirn nicht weiterdenkt, sondern sich nur berieseln lässt.

Erinnere dich an meinen Tipp zum Zeigarnik-Effekt. Unser Gehirn benötigt die Anregung durch nicht vollendete Informationen und nicht abgeschlossene Aufgaben.

**6. Der Einstieg**

Die große Kunst einer Rede ist, von Beginn an die volle Aufmerksamkeit zu bekommen.

Am besten beginnst du, indem du einen Haken (hook) auswirfst, an dem die Zuhörer bis zum Ende hängen bleiben. Man stellt eine Behauptung in den Raum, löst sie aber nicht sofort, sondern nach und nach im Vortrag auf. Es ist wieder der Zeigarnik-Effekt, der uns hilft, die Aufmerksamkeit hochzuhalten.

Gleichzeitig gibt dir dieser Einstieg Sicherheit. Du kennst die Antwort auf deine Frage und hast die Kompetenz, sie zu lösen. Das hilft dir, dein Wissen von Anfang an auszustrahlen.

**7. Das Ende muss nachhaltig sein**

Viele Reden werden gegen Ende immer flacher und unbedeutender. Das Ergebnis ist, dass sich niemand mehr daran erinnern wird. Ziel sollte aber sein, eine Botschaft so zu vermitteln, dass die Zuhörer im Anschluss noch darüber sprechen, am besten auch Tage später noch anderen davon erzählen. Dann war der Vortrag nachhaltig.

Wenn du vor anderen Menschen sprechen möchtest, beginne mit Themen, die du so stark verinnerlicht hast, dass du auf jede Frage antworten kannst. Halte die ersten Vorträge lieber kurz und knackig. Selbst 15 Minuten sind am Anfang schon eine Herausforderung. Mit der Zeit gewinnst du die Sicherheit, um länger interessant zu bleiben. Dein Publikum sollte nach einer Stunde das Gefühl haben, dass dir nur 15 Minuten zugehört zu haben. Dann hast du es geschafft und deine Zuhörer in deinen Bann gezogen.

# DAS META-MODELL

## Unsere Landkarte

Ein sehr großes Problem in der Kommunikation ist der unterschiedliche Wissensstand. In der Neuro-Linguistischen Programmierung (NLP) spricht man von unterschiedlichen Landkarten. Wir alle kennen uns in unserem Gebiet der Landkarte ganz gut aus, können vielleicht noch über die Grenzen sehen, um Zusammenhänge zu erkennen. Aber sobald das Gebiet zu weit weg ist, verstehen wir nichts mehr.

Um das noch leichter verstehen zu können, betrachten wir unsere Sprache. Hochdeutsch entspricht unserer Landkarte, Dialekte wie Platt, Bairisch, Schweizerdeutsch oder Sächsisch fallen uns schon schwerer. Dort gibt es Begriffe, die wir vielleicht nicht kennen. Es ist aber zumindest Grenzgebiet und wir können uns noch verständigen.

Lernen wir eine weitere Sprache, erweitern wir unsere Landkarte und auch das Grenzgebiet, weil beispielsweise romanische Sprachen manchmal ähnliche Wörter verwenden.

Reisen wir dagegen nach China, ist nicht nur der Klang der Sprache für uns ein Problem, sondern auch jedes Schild. Die chinesischen Schriftzeichen haben keinerlei Ähnlichkeit mit unserer Schrift, wir befinden uns somit auf einer unbekannten Landkarte.

Bei Sprachen ist das Prinzip der Landkarte sehr leicht zu verstehen, aber auch wir haben unterschiedliche Landkarten. Ein Softwareprogrammierer hat eine andere Landkarte besitzen als ein Koch oder ein Arzt. Sie können über Politik, über Sport und die Gesellschaft sprechen, sofern es sie interessiert. Sie können aber nicht im Detail über ihren Job sprechen, weil dieser nicht den Landkarten der anderen entspricht. Vielleicht ist es noch Grenzgebiet, weil der Koch natürlich Computer und das Internet kennt, aber wenn es um Javascript oder Phyton geht, steigt er vermutlich aus. Das ist nicht seine Landkarte.

Es gibt keinen Menschen, der alle Landkarten kennt, und selbst die künstliche Intelligenz kommt bei manchen Themen an ihre Grenzen.

Wie unterschiedlich unser Wissen ist und wie sehr manche Menschen in für sie trüben Gewässern fischen, zeigt sich am deutlichsten in den Diskussionen auf den verschiedenen Social-Media-Plattformen. In solchen Fällen kann man sich jegliche Diskussion sparen. Der einfachste Weg ist, die nötigen Informationen zu geben, um dessen Landkarte zu erweitern. Aber wir können niemanden dazu zwingen, sein Wissen zu erweitern. Das entscheidet jeder für sich selbst.

## Die Sprachmuster

Sind unsere Landkarten unterschiedlich, führen unsere Sprachmuster das Gegenüber nicht zum Ergebnis, sondern möglicherweise zu Missverständnissen. Für unser Sprachmuster gibt es drei Unterteilungen, die bei gleichem Wissensstand kaum auffallen. Bei unterschiedlichem Wissen können sie jedoch zu Fehlinterpretationen führen.

### Tilgung

Bei der Tilgung geben wir unserem Gegenüber nicht alle erforderlichen Informationen, indem wir beispielsweise aus einem Verb ein Nomen machen (sog. Nominalisierung). Aus »lieben« wird das Wort »Liebe«. Aber was ist Liebe? Ein Nomen, das man nicht wie eine Tasse anfassen kann. Deswegen interpretiert jeder das Wort auf seine eigene Art. Ähnlich ist es mit den Wörtern Freiheit, Freude oder Gerechtigkeit. Zu diesen Begriffen gibt es keine Fakten, weshalb jeder sie auf seine eigenen Art versteht.

Ein weiterer Punkt bei der Tilgung sind **unspezifische Verben**. Sie bezeichnen nicht das, was zu tun ist, sondern sind frei interpretierbar: ***»Du kannst dir jetzt erlauben, etwas Neues zu lernen, sodass du etwas Wichtiges entdecken wirst, und dabei kann sich einiges in deinem Leben verändern, sodass du einfacher dem näher kommst, was du willst.«***
Und was wird sich jetzt ändern? Wird es besser oder schlechter? Diesen Satz wird jeder aus seiner eigenen Sichtweise interpretieren, nicht aber aus der Sicht des Senders. Weitere unspezifische Verben sind: denken, erlauben, erfahren, wahrnehmen, lösen, entdecken, finden, wissen, integrieren, verbinden und verändern.

**Ich denke, es ist jetzt Zeit, dass du dich entspannst!**

Wenn du diesen Satz jeden Tag liest, wirst du auch jeden Tag andere Gründe finden, warum es gerade jetzt Zeit ist und wie Entspannung für dich in diesem Moment aussieht.

Der letzte Punkt zum Thema Tilgung ist die **Vagheit**. In der Politik hören wir das beispielsweise, wenn sich jemand zum Pariser Klimaschutzabkommen bekennt, aber gleichzeitig nicht sagt, wie er dieses Ziel erreichen möchte.

In einer Besprechung wäre das der Auftrag: ***»Wir müssten einen neuen Ansatz finden, macht euch mal Gedanken.«***

Was wollen wir verändern, worüber sollen wir uns Gedanken machen, bis wann wollen wir etwas ändern, wer soll es machen? Diese und noch viel mehr Fragen stecken hinter so einem vagen Satz.

In der Familie würde das so aussehen: ***»Der Mülleimer ist voll.«*** Okay, das ist ein Fakt. Aber was soll jetzt passieren? Wer fühlt sich angesprochen? Jeder hat am Ende eine andere Interpretation und wenn sich diese nicht überschneiden, kann schnell der Haussegen schief hängen.

**Generalisierung**

Auch bei der Generalisierung gibt es wieder verschiedene Möglichkeiten. Der erste Punkt ist die **Verallgemeinerung:** ***»Alle** Männer sind Schweine«, »**Man** müsste einen neuen Ansatz probieren«.*

Eine weitere Generalisierung ist der **fehlende Bezug**: »Ich habe gestern einen Fisch gefangen«. Im Aquarium? Im Meer? Am Weiher? Welchen Fisch? Womit hast du ihn gefangen? Fragen über Fragen, die nicht mit dieser Aussage beantwortet werden, weil es einfach zu wenig Informationen gibt.

### Verzerrung

Das dritte unserer Sprachmuster ist Verzerrung. Hierzu zählt die **Mehrdeutigkeit.** Damit sind mit einer Aussage mehrere unterschiedliche Schlussfolgerungen möglich. Diese Mehrdeutigkeit setzen Therapeuten gern in der Hypnose ein, um das Gehirn zu beschäftigen, um dann in Trance zu fallen. Da wird schon klar, dies kann nicht der Sinn einer eindeutigen Kommunikation sein. Beispielsweise: *»Es kann eine interessante Erfahrung für dich sein«.*

Ein weiterer Part ist die **Vorannahme.** Ich gehe davon aus, dass dir klar ist, was mir klar ist. Dies wird oft nicht bewusst eingesetzt, sondern wir glauben, der andere sei auf dem gleichen Kenntnisstand wie wir selbst. Dies überschneidet sich mit dem **Gedankenlesen:** Wir denken, dass uns unser Gegenüber ganz leicht folgen kann, aber dem ist nicht so, weil es nicht alle Informationen hat, um uns verstehen zu können.

Der letzte Part ist das **Ursache-Wirkungs-Prinzip:** *»Du machst mich krank«* oder *»Das Wetter macht mich krank«.* Mache ich oder macht das Wetter dich wirklich krank? Bin ich die Ursache für das Ergebnis?

Werde dir deiner eigenen Sprache bewusst. Was löst deine Sprache bei deinem Gegenüber aus? Wie gibst du Informationen weiter, damit sie so ankommen, wie du es gern möchtest?

Lerne, klar und deutlich in deinen Aussagen zu werden, und du wirst dadurch klare Antworten erhalten.

## Fragen ist der Schlüssel

Unsere vielen Sprachmuster wirken auf den ersten Blick harmlos. Sie sind aber ein Hauptgrund für schlechte Kommunikation. Da wir die anderen nicht ändern können, müssen wir uns überlegen, wie wir mit ihnen umgehen, um trotzdem zum Ziel einer Kommunikation zu kommen.

Um das leichter zu verstehen, schauen wir uns einige Beispiele an:

- *Alle Frauen können kochen. Alle Männer sind Schweine. Alle Jugendlichen haben keine Manieren.*
  **Frage:** Mit wem hast du diese Erfahrung gemacht? Mit allen Frauen? Mit allen Männern? Mit allen Jugendlichen?

- *Ich habe immer Stress bzw. nie Zeit.*
  **Frage:** Wirklich immer? Auch am Wochenende, im Urlaub, am Abend?

- *In meinem Büro herrscht immer Chaos, ich habe zu viel zu tun.*
  **Frage:** Was passiert, wenn du im Urlaub bist? Geht dann die Welt unter oder geht dein Unternehmen pleite?
  Was müsste passieren, damit es für dich erträglich wäre?

- *Ich stehe kurz vorm Burn-out. Die Arbeit macht mich krank!*
  **Frage:** Was macht dich krank? Gibt es auch etwas in deinem Leben, das dir Spaß macht?

- *Meine Frau streitet ständig mit mir.*
  **Frage:** Streitet sie nur mit dir oder streitest du auch mit ihr?

- *Mein Chef lobt mich nicht. Er mag mich nicht.*
  **Frage:** Hat er gesagt, dass er dich nicht mag, oder liest du das in seinen Gedanken?

- *Ich mache nie etwas richtig. Keiner mag mich!*
  **Frage:** Du machst immer alles falsch? Wie bist du dann heute ins Büro gekommen?
  Mag dich wirklich niemand? Auch deine Mama mag dich nicht?

Die Antworten klingen auf den ersten Blick etwas absurd und genau das wollen wir erreichen. Ziel muss es sein, dass unser Gesprächspartner über die Aussage nachdenkt. Selbstverständlich gilt das auch für uns, wenn wir in unnütze Sprachmuster abrutschen.

Gerade Kinder nutzen sehr gern Verallgemeinerungen und ziehen sich damit selbst herunter. Hier ist es wichtig, nicht nur zu trösten und für das Kind da zu sein, sondern ihm auch zu zeigen, dass die Welt aus einem anderen Blickwinkel ganz anders aussieht.

Am leichtesten verstehen Kinder, wenn wir es ihnen bildlich erklären. Eine Biene kann stechen, das schmerzt. Aber eine Biene macht das nur zum Schutz.

Eigentlich ist sie friedliebend, sammelt Nektar und bestäubt unsere Pflanzen. Spinnen sehen eklig aus, weil sie so viele Beine haben. Aber sie können tolle Netze bauen und fressen Mücken.

Lastwagen stinken und sind laut, aber sie bringen unsere Nahrungsmittel in den Supermarkt.

### AUFGABE

Entscheide spontan, welche Antworten du auf folgende Aussagen geben würdest.

1. Ich mag sie nicht!
2. Ich kann das nicht!
3. Er ist am schnellsten!
4. Offensichtlich arbeitest du zu viel!
5. Ich muss bis 12 Uhr fertig sein!
6. Ich kann ihr nicht die Wahrheit sagen!
7. Ich habe Angst vor Spinnen!
8. Ich bedauere meine Entscheidung!
9. Es ist falsch, Gefühle zu zeigen!
10. Du weißt genau, was ich sagen möchte!
11. Er denkt nur an sich!
12. Du frustrierst mich!
13. Es macht mich traurig, wenn du nervös bist.

Meine Antworten bzw. Fragen müssen nicht deinen entsprechen. Sie sollen deinen Gesprächspartner dazu bringen, über das Gesagte nachzudenken.

Um noch Unterstützung zu geben, stehen nachfolgend mögliche Antworten für die Aufgabe:

1. Woher weißt du, dass du sie nicht magst?
2. Woher weißt du, dass du das nicht kannst?
3. Als wer? Ist er auch schneller als Usain Bolt?
4. Woran siehst du das und wer sieht das?
5. Was passiert, wenn du nicht fertig bist?
   Wer sagt, dass du das musst?
6. Was hält dich davon ab?
7. Was genau macht dir Angst?
8. Was wäre, wenn du anders entschieden hättest?
9. Für wen ist das falsch?
   Was passiert, wenn du Gefühle zeigst?
10. Woher soll ich das wissen?
    Woher weißt du, was ich weiß?
11. Gedankenlesen! Hat er dir das gesagt oder woher weißt du das?
12. Wie machst du das, dass du frustriert wirst, wenn ich etwas tue? (Ursache-Wirkung)
13. Gab es schon mal eine Situation, wo du nicht traurig warst, wenn ich nervös war? (Ursache-Wirkung)

Das Thema Sprachmuster betrifft uns alle, wir alle tappen immer wieder in diese Fallen. Ziel muss es sein, diese möglichst zu umgehen und, noch viel wichtiger, selbst zu merken, wenn wir gerade darauf hereingefallen sind. Das erfordert zu Beginn ein wenig Mühe. Wir müssen deutlicher zuhören, was andere sagen, und mehr reflektieren, was wir selbst gesagt haben oder denken. Der Weg wird dann leicht, wenn wir lernen, über den Tellerrand zu sehen und unsere Landkarte zu erweitern. Dann wird automatisch die Bereinigung unserer festgefahrenen Sprachmuster beginnen.

Einen anderen Blickwinkel einzunehmen, ist nicht nur für Sprachmuster wichtig, sondern kann auch helfen, andere auf den richtigen Weg zu bringen.

Stell dir vor, dein Kind hat etwas angestellt. Du kannst es bestrafen, aber was lernt es daraus? Im besten Fall, dass es das nicht darf!

Das Gleiche bei Mitarbeitern: Einer hat Mist gebaut. Wie gehen die anderen damit um? Es gibt eine Standpauke. Aber was lernt der Mitarbeiter daraus? Im besten Fall, dass er das nicht darf!

Jetzt frage dich: Ist es ein gutes Ergebnis, wenn dein Kind oder dein Mitarbeiter nur lernt, was man nicht darf? Bei einer Standpauke oder einer Strafe müssen wir uns die Frage stellen, ob der Lernprozess überhaupt einsetzt oder ob sie kurze Zeit später wieder vergessen ist.

Ich würde nicht schimpfen, sondern Fragen stellen:
Findest du es in Ordnung, was du gemacht hast?
War das der richtige Weg?
Das sind erst einmal die Fragen, um klarzumachen, dass das nicht richtig war. Im Anschluss ist es an der Zeit, den anderen zum Umdenken zu bringen:
Wie würdest du an meiner Stelle reagieren?

Würdest du dich an meiner Stelle bestrafen?
Wie würde die Strafe aussehen, wenn wir unsere Rollen tauschen?

An dieser Stelle muss der andere aus seiner Rolle schlüpfen und eine andere Rolle einnehmen. Dadurch entsteht automatisch ein Perspektivwechsel.

Dies kannst du schon in den einfachsten Situationen testen und nutzen. Wenn sich jemand an der Supermarktkasse vordrängelt, schimpfe nicht, sondern frage: »Wie würden Sie sich fühlen, wenn ich mich jetzt einfach vordrängle?«

Die Reaktion des Vordränglers ist völlig anders als bei einem Angriff und ich kann nur empfehlen, es immer wieder auszuprobieren.

## Whataboutism

Wie gut Fragen funktionieren, den Gesprächspartner in Bedrängnis bringen und uns selbst in Führung bringen, zeigt das Konzept des Whataboutism.

Der Whataboutism ist eine rhetorische Taktik, bei der auf eine andere Angelegenheit verwiesen wird, anstatt auf Kritik oder Vorwürfe direkt zu antworten. Dies geschieht in der Regel, um von der eigentlichen Frage oder Kritik abzulenken. Whataboutism kann in unterschiedlichen Formen auftreten, von politischen Diskussionen bis hin zu alltäglichen Streitigkeiten.

Den Ursprung von Whataboutism schreibt man der Sowjetunion zu. Wenn seitens der westlichen Welt Kritik am Kommunismus geübt wurde, erwiderte man diese Kritik mit »Und in Amerika werden Schwarze gelyncht«. Damit konnte man die Kritik sofort ersticken.

Putin nutzt das heute noch häufig. Auf Fragen zu Menschenrechtsverletzungen in Russland kam als Antwort der Hinweis auf die Verbrechen im Gefangenenlager Guantanamo. Die Krim-Annexion setzt er gleich mit den Militäreinsätzen im Kosovo und auf die Frage, ob Russland Einfluss auf den amerikanischen Wahlkampf genommen habe, antwortete Putin: »Legen Sie Ihren Finger auf ein zufälliges Land dieser Erde. Egal, wo sie landen, überall hören Sie Beschwerden darüber, dass Amerika sich in die Innenpolitik dieses Landes einmischt. Finden Sie das in Ordnung?« Man kann sich gut vorstellen, dass jede weitere Frage überflüssig ist. Man ist gefangen in der Gegenfrage.

Die Technik wird nicht nur auf der großen politischen Bühne gespielt. Wir alle versuchen uns durch einen Vergleich reinzuwaschen.

Wenn ein Veganer erklärt, dass er mit seiner Ernährung etwas für die Ökobilanz auf diesem Planeten tut, wird er gefragt, wie er das mit seiner Flugreise nach Indien in Einklang bringt.

Natürlich hat das eine mit dem anderen nichts direkt zu tun, weil die bessere Ökobilanz bei der Ernährung trotzdem bleibt. Gleichzeitig ist der Vorwurf, zu fliegen, absolut berechtigt und genau das macht diese Technik so stark. Was soll der Veganer noch darauf sagen?

Ich sehe Whataboutism aus mehreren Gründen als problematisch für eine gute Kommunikation.

**Ablenkung von der Frage:** Statt auf die eigentliche Frage oder Kritik einzugehen, lenkt Whataboutism die Aufmerksamkeit auf eine andere Angelegenheit. Dies verhindert eine zielführende Diskussion.

**Relativierung:** Whataboutism kann dazu verwendet werden, die Schwere eines Problems herunterzuspielen, indem auf vermeintlich schlimmere Probleme hingewiesen wird. Dies ist besonders in politischen Debatten verbreitet und verhindert, eine Lösung zu finden.

**Mangel an Verantwortlichkeit:** Whataboutism verhindert oft, dass jemand über sein eigenes Verhalten oder seine eigenen Entscheidungen Rechenschaft ablegt, indem er auf die Fehler anderer hinweist.

**Verzerrung der Realität:** Whataboutism kann dazu führen, dass tatsächliche Probleme und Ungerechtigkeiten relativiert oder negiert werden, indem auf weniger relevante Angelegenheiten hingewiesen wird.

Bei folgenden Anzeichen solltest du aufpassen, um nicht auf Whataboutism hereinzufallen:

- Ein unmittelbarer Wechsel des Themas auf eine andere Angelegenheit.
- Ein Versuch, die Schwere der Kritik zu relativieren, indem auf scheinbar schlimmere Probleme hingewiesen wird.
- Keine direkte Antwort auf die gestellte Frage oder geäußerte Kritik.

Wenn du mit Whataboutism konfrontiert wirst, empfehle ich dir, dich nicht davon ablenken zu lassen. Fordere eine klare Antwort auf die ursprüngliche Frage. Eine sanftere Methode wäre, höflich nachzufragen, wie die neue Angelegenheit mit der ursprünglichen Frage oder Kritik zusammenhängt.

In einer intensiven Diskussion kann es hilfreich sein, den Whataboutism direkt anzusprechen und darauf hinzuweisen, dass du eine klare Antwort wünschst.

Die Technik des Whataboutism nutzt man, um eigene Verfehlungen durch die anderer zu minimieren. Es geht nie um eine Lösungsfindung, sondern immer um Ablenkung. Lass dich nicht darauf ein.

# BESSER KOMMUNIZIEREN?

Ich höre immer wieder von Interessenten zu meinem Coachingprogramm: **Ich möchte besser kommunizieren**. Auf die Rückfrage, was für sie »besser kommunizieren« bedeutet, stellt sich heraus, dass kaum jemand besser kommunizieren möchte, sondern alle erfolgreicher kommunizieren wollen. Das ist, wie ich schon im Kapitel Rhetorik geschrieben habe, ein großer Unterschied!

Unter besser kommunizieren verstehen die meisten Menschen neben Rhetorik auch Schlagfertigkeit, eine klare Aussprache, eine gute Stimme, einen größeren Wortschatz oder einfach eine gute Grammatik. Zugegeben, das sind alles wichtige Punkte, an denen es sich zu arbeiten lohnt. Schließlich können all diese Punkte helfen, unsere Ziele zu erreichen.

Was bringt die beste Kommunikation, wenn ich bei jeder Beförderung übersehen werde, mein potenzieller Kunde bei meinen Marktbegleitern kauft, mein Partner meine Bedürfnisse ignoriert und meine Kinder nicht verstehen, dass ich ihr Bestes möchte?

Es klingt hart, aber uns bringt die beste Rhetorik und die lauteste Stimme nichts, wenn wir unser Ziel nicht erreichen. Und jede Kommunikation hat ein Ziel: Wenn wir fragen, möchten wir Wissen erlangen. Von unserem Partner möchten wir unsere Wünsche erfüllt bekommen. Vielleicht wollen wir nur auf uns aufmerksam machen oder soziale Kontakte pflegen. Auch das sind Ziele. Klarer wird es im Ein- und Verkauf, beim Überzeugen einer Gruppe oder bei der Informationsweitergabe als Lehrer. Wir kommunizieren nicht ohne Ziel. Daher ist es wichtig, auf die Ziele zu schauen und nicht auf die hübschen Blümchen und Schleifchen in unserer Kommunikation.

Ich möchte dir mit den folgenden Methoden Möglichkeiten an die Hand geben, damit du zukünftig deine Ziele leichter erreichst.

# DIE KUNST DER MANIPULATION

Die Manipulation von Menschen ist ein umstrittenes Thema, das in unserem Sprachgebrauch negativ besetzt ist. Ich bezeichne die folgenden psychologischen Ansätze lieber als Beeinflussungs- oder Steuerungsmethoden.

Manipulation kann viele positive Seiten haben, schließlich manipulieren wir unsere Kinder hoffentlich positiv in unserer Erziehung. Wir manipulieren Sportler, indem wir sie zu besseren Leistungen anfeuern, und auch im Business können wir durch Manipulation mehr aus jedem Einzelnen herausholen.

**DIE DEFINITION:**

Manipulation bezieht sich auf den Versuch, die Gedanken, Gefühle oder das Verhalten anderer Personen zu beeinflussen. Sie ist ein komplexes soziales Phänomen, das in den unterschiedlichsten Lebensbereichen genutzt werden kann.

## Die Psychologie der Manipulation

Es gibt verschiedene Wege, Menschen zu manipulieren. Indem wir gezielt auf die Gefühle einer Person einwirken, können wir sie emotional beeinflussen. Dies kann durch Angst, aber auch durch Liebe oder Zuneigung geschehen. Auf den ersten Blick glauben wir zu wissen, dass Manipulation durch Angst negativ und Manipulation durch Liebe positiv ist. Aber stimmt das wirklich?

Erklärst du einem Kind, dass es überfahren wird, wenn es einfach auf die Straße läuft, spielst du mit der Emotion Angst. Du möchtest das Kind positiv manipulieren, damit ihm nichts passiert.

Ein Heiratsschwindler dagegen spielt mit der Emotion Liebe. Sein Ziel wird von negativen Absichten begleitet. Es ist also gar nicht so einfach, von vornherein zu sagen, was gut und was böse ist.

Eine weitere Möglichkeit ist die kognitive Manipulation. Hierbei geht es darum, die Denkmuster einer Person zu beeinflussen. Dies kann durch Täuschung, Lügen oder das Präsentieren von gefälschten Informationen erreicht werden. Politische Propaganda ist ein Beispiel für kognitive Manipulation, bei der Fakten verzerrt oder verschwiegen werden, um die Meinung der Öffentlichkeit zu beeinflussen.

Die dritte Möglichkeit ist die soziale Manipulation. Sie tritt in unserem sozialen Umfeld auf und kann in Form von Beeinflussung, Druck oder sozialer Dominanz erfolgen. Ein Beispiel hierfür ist Gruppendruck. Jugendliche werden in ihrer Clique dazu gebracht, sich einer Meinung oder einem Verhalten anzuschließen, das sie allein vielleicht nicht akzeptieren würden.

Der einfachste Schutz vor Manipulation ist kritisches Denken. Wer Informationen hinterfragt, sich eine Nacht Zeit lässt, bevor er einen Vertrag unterschreibt, und sich selbst Grenzen setzt, ist nur schwer zu manipulieren.

Der Grund, warum wir so leicht zu manipulieren sind, ist relativ einfach: Unser Gehirn ist das komplexeste Gebilde im Universum und diese Komplexität benötigt sehr viel Energie. Das Gehirn wiegt nur 1–2 % unseres Körpergewichtes, benötigt aber 20–25 % aller Energie. Deswegen läuft es meist im Automatikmodus und wir sind leicht ausrechenbar. Meine liebste Methode zur Steuerung anderer Menschen kommt aus der Neuro-Linguistischen Programmierung:

## Pacing und Leading

Die Grundlage von Pacing und Leading ist eine Technik von Milton Erickson aus der antiautoritären Hypnose. Der Hypnotiseur baut zuerst Vertrauen auf und führt im Anschluss den Hypnotee in eine hypnotische Trance.

Das begeisterte die beiden Gründer der Neuro-Linguistischen Programmierung, Richard Bandler und John Grinder, so sehr, dass sie die Methode verfeinert und weiterentwickelt haben. Pacing und Leading bereichert jede Form der Kommunikation, weil sie Vertrauen schafft und wir somit leichter an das gewünschte Ziel kommen können.

Frei übersetzt bedeutet Pacing und Leading: mitgehen und führen. Ein sehr einfacher Prozess: Du baust Vertrauen auf und daraufhin ist der andere bereit, sich führen zu lassen.

**Vertrauen aufbauen**

Die erste Aufgabe ist es, uns anzugleichen und damit Vertrauen aufzubauen. Wir sollten unsere Sprechgeschwindigkeit und unsere Lautstärke anpassen, auf unsere Körperhaltung und Gestik achten und bestenfalls unsere Atemfrequenz synchronisieren. Wichtig in diesem Prozess ist, dass wir unser Gegenüber spiegeln müssen. Ich habe schon häufiger gesehen, wie ausgebildete NLPler so heftig spiegelten, dass ihre Absicht sehr deutlich zu erkennen war. Wenn das passiert, hast du verloren. Ein Vertrauensaufbau ist dann kaum mehr möglich, daher lieber sanft. Mit der Zeit wirst du spüren, in welchem Tempo du diesen Prozess gehen kannst.

Zusätzlich ist es wichtig, Empathie zu zeigen. Unsere Aufgabe ist es, uns in die Lage des anderen zu versetzen. Wir müssen seine Sichtweise verstehen. Nur wenn wir die Wünsche und Ziele des anderen kennen, können wir auf ihn eingehen.

Aktiv zuhören ist der dritte wichtige Punkt. Indem wir nicken und zustimmen, fühlt sich unser Gesprächspartner bestätigt und im Gespräch mit uns wohl.

Der Prozess der Vertrauensbildung wird verstärkt durch nonverbale Kommunikation, die wir nicht als Kommunikation wahrnehmen. Das betrifft unser Aussehen, welche Hautfarbe wir haben, welche Kleidung wir tragen, wie wir uns bewegen, unser Alter und auch unseren Körpergeruch. Dazu kommt unser Dialekt oder welchen Wortschatz wir nutzen.

Auch wenn wir diese Parameter nicht alle beeinflussen können, ist es möglich, zumindest an den kleinen Stellschrauben zu drehen. Wenn wir einen Termin bei der Geschäftsführung haben, sollten wir uns anders kleiden als für einen Termin mit den Kollegen.

**Wer vorab bewusst über seinen Gesprächspartner nachdenkt, hat am Ende eine größere Chance, sein Ziel zu erreichen.**

Ist das Vertrauen aufgebaut, spricht man beim NLP vom Rapport. Wir sind im gegenseitigen Gleichklang angekommen. Der andere vertraut uns und wir können ihn jetzt führen.

**Leading**

Für den Schritt des Führens benötigen wir ein wenig Fingerspitzengefühl, um das Vertrauen weiter aufrechterhalten zu können. Sind wir zu direkt mit unseren Forderungen oder unserem Anliegen, verlieren wir das Vertrauen und stehen wieder am Anfang.

In der Hypnose vertieft der Hypnotiseur in diesem Schritt die Trance, nachdem er zuvor Vertrauen aufgebaut und mit einer leichten Trance begonnen hat (= Pacing). Beim Pacing und Leading können wir das Vertrauen ebenfalls vertiefen, indem wir ein sogenanntes Yes-Setting aufbauen.

Das Yes-Setting ist eine gute Kommunikationstechnik, um die Wahrscheinlichkeit einer positiven Antwort oder Zustimmung zu erhöhen. Sie basiert auf der Idee, dass Menschen dazu neigen, mit ihrem vorherigen Verhalten und ihren Antworten konsistent zu sein. Wenn jemand einmal »Ja« gesagt hat, ist es wahrscheinlicher, dass er in Zukunft erneut zustimmt.

Um das leichter zu verstehen, möchte ich dir den Prozess anhand meiner Show »Gehirnwäsche« aufzeigen. Die Ausgangslage ist nicht einfach: Die größte Angst vieler Menschen ist es, auf einer Bühne stehen zu müssen. Mein Problem ist, ich benötige Freiwillige, die bereit sind, in der Show mitzuwirken.

Der erste Schritt ist, Vertrauen aufzubauen: Ich erscheine nicht auf der Bühne, sondern komme plaudernd mitten im Publikum an und schüttle möglichst vielen die Hand. Körperkontakt erzeugt Vertrauen. Dann breche ich das Eis mit einigen Scherzen und reduziere Ängste, damit sich alle wohlfühlen und niemand zwei Stunden angespannt in der Show sitzt.

Der zweite Schritt ist ein gemeinsames Experiment. Dies erzeugt ein Gefühl der Zusammengehörigkeit. Dabei lasse ich die erste Zuschauerin aufstehen. Sie bekommt meine volle Aufmerksamkeit und Freundlichkeit. Alle sehen, dass der ganz lieb ist und nur spielen will. Jetzt sollte genügend Vertrauen vorhanden sein, damit die Zuschauer etwas entspannen können und die Angst vor der Bühne nebensächlich wird. Um dies noch weiter zu vertiefen, erfolgt ein zweites Experiment mit mehreren Zuschauern im Publikum. Die enge Bindung zu mir wird langsam zur Gewohnheit.

Beim dritten Experiment muss ein Paar mit auf die Bühne. Zu zweit fühlt man sich sicherer und ich kann die stärkere Person auffordern, den Partner mitzunehmen. Vorher baue ich ein Yes-Setting auf:

- Verraten Sie mir Ihre Namen?
- Sind Sie zusammen hier?
- Sie kommen hier aus der Nähe?
- Wären Sie bereit, das nächste Kunststück mit mir vorzuführen?

Bis dahin habe ich noch nicht erwähnt, dass es diesmal auf die Bühne geht. Die beiden »Ja« vorher reichen aus, um jetzt zu sagen: »Dann nehmen Sie ihren Partner an die Hand und kommen Sie mit einem großen Applaus mit mir auf die Bühne.«

Natürlich sieht man den ersten Schreck. Aber da ich zuvor Vertrauen geschaffen und das Yes-Setting aufgebaut hat, ist es kein Problem mehr. Das Eis ist gebrochen und sie kommen immer mit. Bei den nächsten Gästen ist das kein Problem mehr. Ich habe mittlerweile über 1000 Shows gespielt und kann behaupten, dass ich mit Pacing und Leading auch die schwierigsten Gäste in meinen Shows zum Mitmachen bringen kann.

Möchtest du den Prozess live erleben, geh ins nächste Autohaus und achte auf die Verkäufer, nicht auf die Autos. Zuerst hören die Verkäufer gut zu und stellen Fragen, um ihre potenziellen Käufer besser zu verstehen. Dann bauen sie ihr Yes-Setting auf: Ist die Farbe nicht schön? Die Lederausstattung passt doch super zu dem Interieur, oder? Fahren Sie gern sparsam, dann ist der Motor genau der richtige für Sie, oder?

Es läuft immer auf eine Zustimmung oder eine kleine Anpassung hinaus, der du zustimmst. Am Ende kommt die entscheidende Frage. »Wann möchten Sie das Auto haben? Bezahlen Sie das Auto bar oder über Finanzierung?«

Pacing und Leading ist die stärkste Waffe in meiner Kommunikation. Dafür sind aber alle Schritte nötig, die ich in diesem Buch beschrieben habe. Du musst wissen, wer du bist, musst den anderen kennen, musst wissen, welche Wünsche und Träume er hat. Du musst dich in ihn hineinfühlen, um Vertrauen aufzubauen. Am Ende kannst ihn steuern. Dabei ist es egal, ob du ein Auto verkaufen, dein Team zu Höchstleistungen bringen möchtest oder ob dein Kind sein Zimmer aufräumen soll. Die Möglichkeiten sind grenzenlos und somit der Weg, den du damit beschreiten kannst.

# KOMMUNIKATION FÜR SCHWIERIGE GESPRÄCHE AM TELEFON

Schwierige Gespräche sind unvermeidlicher Bestandteil des Lebens. Ob es darum geht, Konflikte zu lösen, Kritik zu äußern oder unangenehme Nachrichten zu überbringen, die Art und Weise, wie wir diese Gespräche führen, kann einen erheblichen Einfluss auf die Ergebnisse haben.

Wenn du alle Kapitel gelesen hast, wird es dir in Zukunft viel leichter fallen, schwierige Gespräche zu führen. Ich möchte aber ein wichtiges Thema noch vertiefen, weil wir dabei nicht alle Sinne einsetzen können: das Telefonat.

Bei Personen, die wir kennen, ist es einfach, sie einzuschätzen, denn wir kennen ihre Vorlieben und ihr Verhalten. Aber wie erfolgreich bist du bei Gesprächen mit Hotlines?

Die meisten Gespräche bei Hotlines haben etwas gemeinsam: Der Anrufer hat ein Problem, das er gern beseitigt hätte. Am anderen Ende sitzt ein geschulter Mitarbeiter, der möglichst geringe Kosten für das Unternehmen verursacht. Allein diese Zusammenstellung zeigt, wie unmöglich es ist, dass beide ihr Ziel erreichen.

Ich möchte dir mein Vorgehen genauer beschreiben, weil es genau die Inhalte dieses Buches widerspiegelt. Sobald sich jemand mit seinem Namen meldet, grüße ich freundlich und frage direkt noch einmal nach dem Namen.

Dafür gibt es mehrere Gründe: Es ist die erste Antwort auf eine Frage. Es zeigt Interesse für den anderen und ihm ist jetzt klar, dass ich seinen Namen kenne.

Als Nächstes lasse ich die Person wissen, dass sie meine letzte Hoffnung ist. Ich setze alles darauf, dass sie mir helfen kann. Damit hebe ich die Person auf ein anderes Level, denn normalerweise werden Hotline-Mitarbeiter eher beschimpft und nicht als etwas Besonderes angesehen. Ich sorge dagegen für Aufmerksamkeit und gleichzeitig für das Verlangen, dieser Stellung gerecht zu werden.

Im Laufe des Gesprächs versuche ich, durch persönliche Fragen etwas mehr zu erfahren: In welchem Land sind Sie gerade, wie ist das Wetter bei Ihnen usw. Damit baue ich Vertrauen und eine Beziehung auf.

In den meisten Fällen hilft das schon, um das eigene Ziel zu erreichen. Allerdings gibt es auch hartnäckige Fälle, die genau nach Lehrbuch vorgehen. Hier baue ich im nächsten Schritt das Yes-Setting auf und trenne gleichzeitig auf der emotionalen Ebene den Mitarbeiter von dem Unternehmen: »Sie wären doch auch sauer, wenn das Gerät defekt ist, oder? Ich müsste jetzt ausflippen. Aber Sie wissen, das geht nicht gegen Sie, sondern gegen das Unternehmen, das mir dieses Gerät verkauft hat. Ich spüre Ihre Hilfsbereitschaft, sehe aber auch, dass Ihnen die Hände gebunden sind, ist das so? Was würden Sie tun, um zu Ihrem Recht zu kommen?«

Das Vorgehen funktioniert fast immer. Wir bauen eine Beziehung auf, steigen in dasselbe Boot und am Ende muss uns der Hotline-Mitarbeiter retten. Ich habe auf diesem Weg schon die absurdesten Vorschläge bekommen, wie ich sicher an mein Ziel komme. Der andere möchte mir helfen, schließlich bin ich ein netter Mensch – und einem netten Menschen muss man helfen.

# Bonus Kreislauf des Lebens

Ein weiterer wichtiger Part in unserem Leben ist, zu verstehen, an welchem Punkt wir uns gerade befinden. Dies ist immer der erste Teil in meinem großen Coaching-Programm zur emotional intelligenten Kommunikation.

Eigentlich ist der Kreislauf des Lebens inhaltlich ein eigenes Buch. Ich finde ihn aber so wichtig, dass ich dir diesen Teil meines Coaching-Programms schenken möchte, um möglichst schnell ins Umsetzen zu kommen.

Melde dich auf der folgenden Seite an, um diesen Workshop kostenlos als Video zu erhalten.

www.alexander-schelle.de/bonus-gem/

# Nachwort

Ziemlich sicher hätte ich aus der Breite der Themen einen mehrteiligen Band machen können, abe hättest du ihn gelesen? Mir war noch nie wichtig, möglichst viele Inhalte zu konsumieren oder weiterzugeben, sondern mir geht es stets um die praktische Umsetzung.

Ich habe dir in diesem Buch all meine Erfahrungen und Strategien zum Thema emotional intelligente Kommunikation mitgegeben. Entscheidend ist nicht, was du an neuem Wissen gesammelt hast, sondern was du daraus machst.

Dazu möchte dir eine kleine Geschichte für deine Reise schenken: Stell dir vor, wir wären keine acht Milliarden Menschen, sondern acht Milliarden Kerzen und eine davon bist du. Es gibt kleine und große Kerzen, dünne, mickrige wie auch dicke. Sie haben die unterschiedlichsten Farben und Formen, elegante, stramme wie zerbrechliche.

Aber eines haben all diese Kerzen gemeinsam: einen Docht. Am Tag unserer Geburt wird dieser Docht angezündet. Vielleicht können wir können zu dem Zeitpunkt ahnen, wie lange unsere Kerze brennt. Sie kann aber auch vorzeitig umknicken, von einem Regenschauer überrascht oder vom Wind ausgepustet werden. Wir wissen also nicht, wie lange unsere Kerze wirklich brennt.

Die tatsächliche Länge der uns zur Verfügung stehenden Zeit können wir nur bedingt beeinflussen. Daher lebe und genieße jeden Tag. Achte auf dich und auf alle Menschen in deinem Umfeld. Kommuniziere emotional intelligent, es wird deinen Lebenswert erhöhen. Geht es dir gut, geht es auch deinem Umfeld gut. Dann ist die Chance am größten, dass in deiner Nähe keine Kerze umfällt, die deine eigene und andere frühzeitig zum Schmelzen bringt.

Trenne dich nie von deinen
Illusionen und Träumen.
Wenn sie verschwunden sind,
wirst du zwar weiter existieren,
aber aufgehört haben, zu leben.

Mark Twain (1835–1910)

# Kontakt mit Alexander Schelle

Wer mich live erleben möchte, findet meine öffentlichen Showtermine unter www.alexander-schelle.de. Außerdem bin ich regelmäßig mit meinen Shows und Workshops auf Kreuzfahrtschiffen unterwegs.

Wer noch mehr kostenlose Informationen haben möchte, dem empfehle ich meinen YouTube-Kanal bzw. Podcast »Die Geheimnisse eines Mentalisten«. Hier geht es neben Kommunikation auch um Psychologie und Hypnose.

Und wer eine kostenlose Hypnose ausprobieren möchte, findet alle Infos ebenfalls auf meiner Seite.

# Literatur- und Quellenverzeichnis


- Körpersprache entschlüsseln & verstehen
  Dirk W. Eilert

- Emotionale Intelligenz
  Daniel Goleman

- Miteinander reden Band 1–4
  Friedemann Schulz von Thun

- Schnelles Denken, langsames Denken
  Daniel Kahneman

- Selbsthypnose – Ein Handbuch zur Selbsttherapie
  von Brian M. Alman und Peter T. Lambrou

- Du kannst schaffen, was du willst
  von Jan Becker

- Moderne Hypnose – Ketten sprengen. Verhalten verändern.
  von Ben Ahlfeld

- Therapie in Trance – Die Struktur hypnotischer Kommunikation
  von John Grinder und Richard Bandler

- Kompaktkurs Hypnose – Wie man Phänomene tiefer Trance hervorruft
  von Tad James

- Hypnose in der Praxis – Über das Phänomen der Trance
  von Gerhard Schütz

von Chun Siong Soon, Marcel Brass, Hans-Jochen Heinze und John Dylan Haynes

- Selbsthypnose – Das Praxisbuch
  von Ingo Michael Simon

- Impromptu Hypnose – Die Kunst, jederzeit und überall hypnotisieren zu können
  von Ilja Grzeskowitz

- Leitfaden zur Transformation
  von Richard Bandler

- Therapie in Trance
  von Richard Bandler

- Die verblüffende Macht der Sprache
  von Hans Eichler

- Ein neues Ich
  von Dr. Joe Dispenza

- Du bist das Placebo
  von Dr. Joe Dispenza

- Was ist der Mensch?
  von Eric Kandel

- Inkognito. Die geheimen Eigenleben unseres Gehirn
  von David Eagleman

- Praxisbuch der Psychomagie – Rituelle Akte zur Selbstbefreiung und Heilung
  von Alejandro Jodorowsky

- Praxis-Handbuch Manipulation – Mentalmagie aus der Welt der Hirnforschung, Psychologie und Hypnose
  von Eike Rappmund

- Unconscious determinants of free decisions in the human brain – Nature Neuroscience

**Und wer eine kostenlose Hypnose ausprobieren möchte, findet alle Infos ebenfalls auf meiner Seite.**

www.alexander-schelle.de/bonus-gem/